COLEÇÃO DEUS CONOSCO

PÓS-EUCARISTIA

TAMBÉM SOU TEU POVO, SENHOR!

CATEQUISTA

COLEÇÃO DEUS CONOSCO

PÓS-EUCARISTIA

Também sou teu povo, Senhor!

CATEQUISTA

Lydia das Dores Defilippo

EDITORA VOZES

Petrópolis

©2005, Editora Vozes Ltda.
Rua Frei Luís, 100
25689-900 Petrópolis, RJ
Internet: http://www.vozes.com.br - Brasil

12ª edição, 2012

EQUIPE DE APOIO E ASSESSORIA
Catequistas veteranas e grandes amigas:
Dazir da Rocha Campos
Elyanne Guimarães Brasil
Liza Helena Ramos
Marlene Frinhani

Agradecimentos especiais no processo de revisão da coleção:
Coordenação de Catequese do Regional Leste II

COORDENAÇÃO EDITORIAL: Marilac L.R. Oleniki

REVISÃO TEXTUAL E ATUALIZAÇÃO:
Flávio Fernando de Souza
Maria Cecília M.N. Giovanella

ILUSTRAÇÕES DE MIOLO E CAPA: Ana Maria Oleniki

CAPA: AG.SR Desenvolvimento Gráfico

PROJETO GRÁFICO E EDITORAÇÃO ELETRÔNICA: Ícone Editoração Ltda.

REVISÃO LITERÁRIA: Flávio Fernando de Souza

ISBN 978-85-326-3268-5

Todos os direitos reservados. Nenhuma parte desta obra pode ser reproduzida ou transmitida por qualquer forma e/ou quaisquer meios (eletrônico, ou mecânico, incluindo a fotocópia e gravação) ou arquivada em qualquer sistema ou banco de dados sem permissão escrita da Editora.

Editado conforme o novo acordo ortográfico.

Este livro foi impresso pela Editora Vozes Ltda.

SUMÁRIO

Apresentação, 7

Queridas(os) catequistas, 8

Orientações aos catequistas, 9

Metodologia, 12

1. Quem sou eu? Quem somos nós?, 15

2. Bíblia: que livro é esse?, 19

3. A Bíblia se apresenta a nós, 24

4. Abraão e a promessa: os patriarcas, 28

5. Jacó, o herdeiro da bênção e da promessa!, 32

6. Escravos no Egito, 35

7. Um povo que se liberta e se forma na aliança, 39

8. Juízes: enviados de Deus em favor do povo!, 44

9. É preciso que tenhamos um rei!, 48

10. Os profetas: 'uma pedra no sapato dos reis'!, 53

11. "Senhor, salva-nos!", 57

12. "Eu ouvi o clamor do meu povo e desci para libertá-lo!", 61

13. A Igreja de Jesus, 66

14. A ordem de Jesus: "vão a todos os povos...", 71

15. O Novo Testamento: uma catequese para os cristãos, 75

16. A Igreja aprende com Maria a ouvir, meditar e viver a palavra de Deus, 79

Anexos

A: Ele está vivo!, 85

B: Uma padroeira para o Brasil: Nossa Senhora da Conceição Aparecida, 88

C: Natal: Ele será chamado *"Emanuel"* – Deus conosco!, 91

Sugestões de leitura, 93

APRESENTAÇÃO

Conheci Lydia em um curso para catequistas anos atrás. Se a primeira impressão é a que fica, o que marcou e cativou, a mim e as outras catequistas, foi a sua enorme paixão pela Catequese. Lydia é uma catequista extremamente criativa, diria, genial! Uma "encantadora" de gente. As outras vezes em que nos encontramos, sempre em algum tipo de formação para catequistas e coordenadores de catequese, reforçaram essa primeira impressão.

Acompanhei de perto, em várias paróquias e dioceses, o trabalho de catequistas que utilizaram a **Coleção Deus Conosco**. Também pude constatar, em vários lugares, que os seus livros foram instrumentos para um bom processo de Educação da Fé de crianças, adolescentes e jovens. E mais, que o conteúdo da coleção também ajudou no amadurecimento da fé de muitos catequistas.

Fez-se necessária uma revisão e uma atualização da Coleção. Fico feliz em apresentar essa "nova" **Coleção Deus Conosco** e de constatar que ela continua com a marca original de Lydia, que é desenvolver uma catequese que leve a uma vivência, a uma experiência concreta de amor e de fé em comunidade.

O grande objetivo, que perpassa todo o itinerário catequético proposto pela coleção, é o de levar ao seguimento de Jesus e à celebração da fé nos encontros catequéticos e na comunidade cristã.

Verifico também, que permanece a originalidade de Lydia em relação à linguagem da catequese: comunicar o conteúdo da Mensagem Cristã de acordo com a idade do catequizando, desenvolvendo a consciência crítica tão importante nos dias de hoje, aliada a uma metodologia muito criativa que também promove o envolvimento da família na catequese.

A equipe de revisão foi muito cuidadosa e manteve as características da Coleção e o desejo de Lydia de fazer com que os temas, a metodologia, enfim, que tudo dê um sabor novo à vida do catequizando e do catequista.

Lucimara Trevizan
(Coordenadora da Comissão de Catequese do Regional Leste II)

QUERIDAS(OS) CATEQUISTAS

Em suas mãos colocamos um subsídio para ajudá-lo na preparação de seus encontros com os catequizandos. Quer ser uma pequena "lâmpada de azeite" a iluminar os nossos passos pelos caminhos da Evangelização.

A **Coleção Deus Conosco** se propõe, em cada palavra, fato, experiência, reflexão ou leitura bíblica, contribuir no entendimento e na vivência da grande verdade do Sinai: "DEUS, o Senhor e Pai, está conosco e não abre mão disso, e nós, juntos, irmãos, filhos, POVO – somos d'ele e não abrimos mão disso".

Esta relação de amor e confiança, despertada e aprofundada em nossos corações nos encontros de catequese, nos possibilitará experienciar a realidade do Reino de Deus, que é de amor, fraternidade, justiça e paz. Aqui e agora!

Junto aos nossos catequizandos e nas nossas comunidades, nós, catequistas, comungando e expressando a mesma fé, faremos o caminho, confiantes, porque "ele está conosco todos os dias".

Desejo a você, querida(o) catequista, que a força do Espírito Santo, a graça de Deus Pai e de seu Filho Jesus Cristo, ilumine e o encoraje a testemunhar e despertar, no coração dos catequizandos, a grande alegria e esperança de viver a experiência do Reino.

Com carinho,
Lydia

ORIENTAÇÕES AOS CATEQUISTAS

A **Coleção Deus Conosco** tem por objetivo oportunizar a experiência de Deus na vivência partilhada da fé, nos grupos e momentos da catequese paroquial comunitária.

A proposta metodológica visa estabelecer um processo guiado pelo princípio de interação FÉ-VIDA, apresentando temáticas que constroem gradativamente o envolvimento no conhecimento da Palavra de Deus, respeitando-se as diferentes faixas etárias, percorrendo desde a catequese infantil (6 anos) à catequese crismal.

INICIAÇÃO I – BEM DEVAGARINHO

Jesus amou as crianças de um modo especial e ensinou seus discípulos a valorizá-las e a cultivar em si a sensibilidade infantil. Por isso, as atividades, reflexões e textos propostos para este manual têm por objetivo oferecer, aos pequenos catequizandos, a oportunidade de sentirem-se chamados por Deus a observar e admirar as suas marcas de bondade e amor que se revelam na criação e no ser humano, sua imagem e semelhança.

INICIAÇÃO II – UM PASSO À FRENTE

Anunciar Deus às crianças é motivar o seu desenvolvimento espiritual em um tempo de socialização, de educação humana e cristã em todos os seguimentos de seu convívio. Por isso, nosso objetivo com este manual é o de proporcionar atividades e reflexões sobre a participação de cada um no mundo, na família, na comunidade, em uma perspectiva de educação progressiva da fé, baseada nos valores do Reino.

PRÉ-EUCARISTIA – MEU NOME É JESUS

Identificar Jesus como o Filho de Deus inserido e engajado na sua comunidade, junto a seu povo, partilhando tudo e dando um sentido novo para a vida e religião de seu tempo é o que propomos às crianças da preparação para a Eucaristia, neste volume.

Para estes que estão no processo de crescimento e experiência da fé, é preciso possibilitar-lhes conhecer melhor Jesus e suas ações para que assim possam fortalecer a fé com a vida e iluminar a vida com a fé, compromisso e testemunho de Jesus.

EUCARISTIA – VENHAM CEAR COMIGO

Preparar o catequizando para a participação e a vivência profunda no sacramento da Eucaristia, comungando o Pão e a Vida de Jesus e com os irmãos é o que se propõem os conteúdos dos encontros deste livro.

É uma proposta para celebrar na Eucaristia o amor a Deus e aos irmãos, o perdão, a palavra e a comunhão, respondendo ao convite de Jesus: – Venham cear comigo!

PÓS-EUCARISTIA – TAMBÉM SOU TEU POVO, SENHOR!

Conhecer e amar a Bíblia, o livro da comunidade cristã, que nos revela a história da salvação como a caminhada de um povo ontem, hoje e amanhã.

Primordial é a Bíblia em nosso crescimento e desenvolvimento da fé, por nos falar essencialmente do amor incondicional de Deus para com os homens e da busca destes por se encontrar e relacionar com ele. É com base nesta busca que o livro, em seus encontros, procura ser sinal sensível, aos catequizandos, confirmando o que diz o salmo: *"Tua palavra é lâmpada para os meus pés, e luz para o meu caminho"* (119, 105).

CRISMA – EU LHES DAREI O MEU ESPÍRITO

Oferece, de maneira criativa, conteúdo e vivência, para que os crismandos vivenciem a experiência da reflexão e da partilha e possam ser "confirmados" na fé e na vida. Cada tema proposto nos encontros tem por objetivo envolver os crismandos no ardor apostólico e missionário que lhes cabe pela Unção da Crisma, para testemunhar a fé e exalar o "bom perfume" de Cristo junto à comunidade.

COLETÂNEA – A SEMENTE DE MOSTARDA

Reúne celebrações, dramatizações, jograis, textos, teatros e outros recursos, que contribuem com a **Coleção Deus Conosco**. É uma oportunidade de os(as) catequistas complementarem os encontros de catequese favorecendo momentos expressivos de encontro em sua comunidade e com sua turma de catequizandos/crismandos, dinamizando a convivência e a reflexão.

METODOLOGIA

O encontro de catequese é um instrumento de Evangelização. Portanto, torna-se necessário compreendê-lo na perspectiva de interação do catequizando com Deus, com os catequistas, com a comunidade e com seus colegas de catequese. Para isso, é preciso que a metodologia oportunize um movimento sequencial de ações para que, no decorrer de seu desenvolvimento se realize o aprendizado das verdades da fé cristã católica e a experiência de união com Deus, manifestada na vivência comunitária.

Desta forma, propomos, para o desenvolvimento dos encontros, o método VER – ILUMINAR (JULGAR) – AGIR – CELEBRAR – AVALIAR, sob a perspectiva do princípio de interação Fé-Vida para os diferentes momentos catequéticos, que envolvem:

- **Recursos:** relação de materiais didáticos para contribuir no estudo do tema.
- **Interagindo:** é o processo de envolvimento do catequizando com o estudo e vivência do encontro. É o momento de integrá-lo, envolvê-lo na busca por saber mais sobre os aspectos da experiência cristã em sintonia com a vida. É o momento de VER e acolher a vida no encontro de catequese.
- **Iluminando nossa vida:** momento de reflexão da realidade, iluminada pela Palavra de Deus. Nesse momento busca-se entender a realidade à luz da fé e transformá-la à luz do Evangelho, em sintonia com os valores do Reino de Deus e os ensinamentos da Igreja.
- **Nosso compromisso:** é o momento de responder e assumir uma posição mediante o confronto do conteúdo com a vida e com a Palavra de Deus. É um passo concreto para colaborar na transformação da realidade. Portanto, é um momento expressivo do encontro em que o catequista motiva os catequizandos, de acordo com a sua faixa etária, a serem participativos, para gerar mudanças no seu exercício concreto dos valores cristãos na sociedade.

- **Celebrando nosso encontro:** é um momento de diálogo com Deus e de oração fraterna a partir daquilo que foi refletido no encontro, mobilizando atitudes de agradecimento, perdão, louvor, silêncio. É oração e ação de graças. É o espaço em que se desperta o desejo de estabelecer intimidade com o Pai, em que a mensagem evangélica entra em sintonia com a experiência de cada catequizando. Desta forma, se estabelece a interação Fé-Vida.
- **Para o próximo encontro:** são sugestões do que é possível solicitar aos catequizandos buscando envolvê-los na preparação da temática, de maneira que cheguem ao encontro com elementos de contribuição e partilha, reflexões, conhecimentos e experiências de suas vidas, interagindo com a proposta do encontro.

  Propomos, também, que o catequista motive seus catequizandos para conversarem com a família, orientando-os de que isto lhes proporcionará integração e motivará o envolvimento e a participação da família na catequese e na comunidade. Nosso objetivo é o de partilhar com os pais as graças e a responsabilidade na educação da fé, fazendo do espaço familiar um lugar em que se faz a experiência e se cultiva a intimidade com Deus.
- **Atividades:** as atividades têm como finalidade contribuir no desenvolvimento de cada encontro. Não podemos esquecer que as atividades cumprirão o seu papel, a sua função, se estiverem a serviço da comunicação da mensagem própria da catequese. Nesta perspectiva, é importante que seu desenvolvimento seja acompanhado e proposto pelo catequista envolvendo as dimensões individual e comunitária, para que se torne possível aprender juntos a manifestar e vivenciar experiências, ideias e sentimentos. E, ainda, que são instrumentos de memorização da mensagem, avaliação e fixação da aprendizagem.
- **Anexos:** compõem-se de encontros que abordam as temáticas de comemorações litúrgicas e complementares ao conteúdo proposto em cada livro. São temáticas que não coincidem

com a ordem do Sumário, por se tratarem de datas flexíveis no calendário, por isso optou-se em apresentá-las como anexos para que você catequista as inclua no tempo adequado, na sequência das demais temáticas, adaptando-as de acordo com a realidade local.

Esta proposta da **Coleção Deus Conosco** é um instrumento para a catequese. Por isso, cabe a cada catequista adaptar as propostas dos encontros à sua realidade, com especial atenção aos seguintes aspectos:

- *Os encontros acontecem na comunidade:* é preciso tornar visíveis à comunidade as atividades de seus catequizandos. Para isso, organize exposições das experiências de seus encontros.
- *A alegria aproxima as pessoas:* é bom oportunizar momentos com brincadeiras e dinâmicas que envolvam os catequizandos. Esses momentos propiciam a experiência de amizade e comunhão.
- *A catequese prepara para a experiência comunitária:* motive seus colegas catequistas a unirem as turmas, realizando conjuntamente encontros, celebrações, recreações e passeios.
- *Na catequese propõe-se a vivência da partilha:* motive seus catequizandos e colegas catequistas a preparar materiais como: lápis, gravuras e outros para o uso comum.
- *Cada idade tem exigências e necessidades:* considerando-se os diferentes interesses, os encaminhamentos propostos em cada temática, para cada faixa etária e etapa específica de catequese, contam com sugestões que visam atender as necessidades e exigências que lhe são próprias. Por isso, cabe ao catequista a tarefa de estudar e adaptar os encontros de acordo com os objetivos da catequese de sua comunidade e da etapa (faixa etária) com que trabalha.

Catequista, desejamos que os seus encontros sejam sementes de fraternidade e momentos fortes de experiência de Deus.

1
QUEM SOU EU?
QUEM SOMOS NÓS?

RECURSOS

- Cartões de cartolina (crachás), canetas hidrográficas, cola ou fita adesiva.
- Fichas de papel para todos os participantes.
- Exemplares da Bíblia.
- Cartolina ou papelógrafo para o painel com o título: *"Nossos dons a serviço da comunidade"*.

INTERAGINDO

- Motivar para a 'perseverança' no seguimento de Jesus, reunidos em comunidade, como Igreja – família de Deus – em busca do Reino, de uma vida em fraternidade e amor, sem barreiras ou preconceitos.
- Situar os catequizandos entre a ligação com a sua família e a comunidade cristã que os acolheu pelo Batismo e pela Eucaristia.
- Indicar a temática deste novo ano de catequese: iniciação bíblica.
- Motivar os catequizandos a fazerem memória de sua história pessoal, lembrando o nome de seus familiares (avós, pais, irmãos), fatos e datas marcantes e atividades que gostam de participar.

- Organizar a turma para que todos possam participar, respeitando-se mutuamente em suas colocações e expressões.
- Conversar sobre a vida em comunidade: lembrar a data do Batismo, da Primeira Eucaristia, o nome da paróquia e do pároco que a atende.
- Comentar que isto tudo é vida que todos trazem para a catequese, onde cada um quer aumentar sua amizade com Jesus. Nos encontros, vamos conviver como irmãos em uma grande família, a família de Deus, na comunidade que nos acolhe e envia em missão. Por isso é importante estender a mão a todas as pessoas, sem distinção, acolhendo, amando, perdoando, rezando e brincando juntos.
- Orientar para as atividades 1 e 2 do livro do catequizando.

ILUMINANDO NOSSA VIDA

- Comentar sobre o motivo que nos reúne na catequese: ser bons *filhos de Deus* e bons *irmãos* uns dos outros.
- Perguntar:
  - Quem nos mostrou Deus como um Pai?
  - Quem nos ensinou a ser filhos de Deus, reunindo-nos no Pai em uma grande família, seu povo?
- Conversar sobre o fato de sermos reconhecidos como filhos de Deus por Jesus.
- Ler o texto: Jo 3,1-7.
- Dialogar com a turma:
  - O que você entendeu deste texto bíblico?
  - Porque o Batismo é importante?
  - Quais as atitudes de uma pessoa batizada?
- Expor que Jesus nos faz irmãos e amigos, nos ensina a amar e perdoar, a viver em amizade e comunhão. Nascemos de novo pelo Batismo. Pela água, e em nome do Pai e do Filho e

do Espírito Santo, passamos a pertencer à Igreja de Jesus, o *Povo Novo* de Deus.

- Pedir para que os catequizandos escrevam suas conclusões nos seus livros.

CELEBRANDO NOSSO ENCONTRO

- Distribuir um crachá (cartões de cartolina) para cada um.
- Solicitar que:
  - Escrevam seus nomes nos crachás.
  - E, abaixo do nome, escrevam a sua melhor qualidade (uma ou mais), o dom que têm e que irão colocar a serviço da comunidade, do seu grupo de perseverança.
  - O catequista deverá ajudar e motivar para que todos descubram seus dons pessoais.
- Durante a atividade, pode-se ouvir uma música instrumental.
- Convidá-los a completar o painel '*Nossos dons a serviço da comunidade*'. Proceder da seguinte maneira:
  - O catequista chama cada um pelo nome.
  - Catequizando responde: '*Eis-me aqui, Senhor!*'.
  - Motivá-los a falarem sobre o dom que querem colocar a serviço da comunidade e seu compromisso durante a catequese de Pós-Eucaristia, da Iniciação Bíblica.
  - Depois, com cola branca ou fita adesiva, cada um afixa o seu crachá no painel.
- Seria bom que este painel acompanhasse o grupo durante todos os encontros, para relembrar sempre o compromisso de caminharem juntos, de cada um colocar sua qualidade a serviço do grupo, ajudando-se mutuamente.
- Pedir aos catequizandos para registrarem seus dons também nos seus livros.

- Convidá-los ao silêncio para rezarem juntos:

  Catequista: *Aqui estão, Senhor, estes teus filhos que querem te oferecer suas vidas e seus dons. Aceita esta oferta e fortalece cada um na caminhada da catequese durante este ano. Por Cristo, com Cristo e em Cristo, a vós, Deus Pai todo-poderoso, na unidade do Espírito Santo, toda honra e toda a glória, agora e para sempre.*

  Todos: *Amém*! (pode ser cantado)

  Canto: Cantar um refrão que todos conheçam e que expresse o compromisso de caminhar juntos.

NOSSO COMPROMISSO

- Conversar com os catequizandos sobre a atividade 4, explorando a necessidade de buscar viver e partilhar com todos, família, amigos e colegas, nas brincadeiras, a alegria de ser filho de Deus, renascido pelo Batismo. E, ainda, a possibilidade de convidar para os encontros os colegas afastados da catequese, para participar dos encontros de pós-eucaristia.

- Questionar:
    - Que tal se comprometer em partilhar seus dons para o bem de todos?

PARA O PRÓXIMO ENCONTRO

- Solicitar para trazerem a Bíblia e livros e/ou revistas referentes a passagens ou histórias bíblicas.
- Conversar com a família, amigos ou pessoas da comunidade sobre o que sabem a respeito da Bíblia.

2
BÍBLIA: QUE LIVRO É ESSE?

RECURSOS
- Duas Bíblias (de preferência, uma com capa com zíper).
- Revistas e/ou livros sobre passagens ou histórias bíblicas (solicitado aos catequizandos).
- Um tapete (ou similar) pequeno.
- Uma vela.
- Fita adesiva e barbante.

INTERAGINDO
- Recordar a semana que passou, a celebração de que participaram, o diálogo que tiveram em casa e com os amigos sobre o que sabem a respeito da Bíblia.
- Colocar o tapete no chão, no centro da sala de encontro, e sobre ele as Bíblias: uma aberta e, a outra, fechada com fita adesiva e barbantes.
- Propor aos catequizandos que falem sobre o significado da Bíblia aberta e da Bíblia fechada.
- Refletir sobre a Bíblia, Palavra de Deus, e a sua importância na nossa vida como cristãos.
- Perguntar aos catequizandos:
    - Que tipo de Bíblia tem feito parte da sua vida: a aberta ou a fechada?

- Quais são as atitudes de uma pessoa que mantém a Bíblia aberta no seu coração?
- E as atitudes de quem a mantém fechada?

• Convidá-los a escreverem as conclusões no livro do catequizando.

• Solicitar que os catequizandos mostrem e partilhem as revistas e/ou livros que trouxeram de histórias bíblicas, permitindo que os folheiem, acompanhando e observando os interesses que os textos despertaram.

• Motivá-los à leitura e estudo da Bíblia, explicando-lhes que este será seu objetivo durante o ano na catequese.

• Permitir que questionem, livremente, aguçando sua curiosidade sobre a Bíblia com perguntas como: quem são os autores? Em que línguas foram escritos os livros da Bíblia? Quantos são? Como se dividem? O que relatam?

• Podem-se anotar as respostas no quadro de giz ou papelógrafo, de acordo com a sua realidade.

ILUMINANDO NOSSA VIDA

• Orientar para a leitura da Bíblia:
  - O nome dos livros e suas abreviaturas.
  - Entender o índice.
  - A divisão dos livros em Antigo Testamento e Novo Testamento.
  - Capítulos e versículos.

• Explicar a origem do nome da Bíblia:
  - Vem da palavra grega *'biblos'*, que significa muitos livros, uma coleção de 73 livros.
  - Também chamada de *'Palavra de Deus'*, *'Escritura Sagrada'*, *'A Lei e os Profetas'* (no tempo de Jesus).

- Várias traduções e edições.
- As duas grandes divisões dos livros da Bíblia:
  - Antigo Testamento (AT): compõe-se de 46 livros, escritos antes da vinda de Jesus.
  - Novo Testamento (NT): contém os 27 livros escritos após a morte de Jesus.
- A organização dos livros:
  - Conferir com os catequizandos no índice da Bíblia:
    - ✓ Cada livro recebe um nome, que pode ser de seu autor (Mateus, Isaías etc.); o nome do assunto tratado (Êxodo, Atos dos Apóstolos etc.); ou o nome para quem foi escrito (Carta aos Coríntios etc.).
    - ✓ Cada livro recebe também uma abreviatura, como por exemplo: Gn (Livro do Gênesis); Ex (Êxodo); Mt (Mateus).
- Internamente, cada livro está organizado em capítulos e versículos.
- Explicar:
  - Para encontrar e ler um determinado texto na Bíblia, precisa-se de três informações: o nome do livro, o capítulo e os versículos.
- Solicitar aos catequizandos para que procurem os seguintes textos na Bíblia, transcrevendo-os no seu livro: Is 40,8; Mt 7,24; 2Tm 3,16 e Sl 119,105.
  - Ler e comentar estas frases bíblicas.
- Os assuntos da Bíblia:
  - Os assuntos são muito variados e escritos em diversos estilos literários. Há descrições de guerras, de histórias, parábolas, cânticos, orações, crônicas, poemas, contos etc. Mas, o núcleo central de todos eles é a vida do povo, sua

maneira de encarar e viver de acordo com sua fé em Deus, e na sua revelação em seu Filho, Jesus Cristo, Nosso Salvador.

- Quem escreveu e para quem escreveu?
  - Os autores são os mais variados, em épocas e lugares diferentes; uma história que foi passando, oralmente, de geração para geração até que se tornou literatura.
  - Cada qual, em seu contexto, buscou interpretar os sinais da manifestação da vontade de Deus de construir um povo unido, fiel ao Senhor, vivendo na justiça, na verdade e no amor, e lutando por uma sociedade mais justa, igualitária, solidária. Quando o povo errava e se afastava desse plano de Deus, os profetas e outros autores gritavam logo e tentavam levar o povo à conversão e à fidelidade à Aliança com Deus.

- Orientar a atividade em que os catequizandos terão que escrever um e-mail a partir de um determinado texto bíblico. Pode-se escolher um texto para cada grupo. Por exemplo:
  - Gn 1,1-31 – A criação.
  - Ex 14,15-31 – A travessia do Mar Vermelho.
  - 1Sm 3,1-10 – Vocação de Samuel.
  - Mt 5,1-12 – As bem-aventuranças.
  - Lc 11,1-4 – O Pai-nosso.
  - Lc 24,13-35 – Os discípulos de Emaús.
  - Depois de terminada a atividade, cada grupo apresenta a sua mensagem. Pode-se fazer uma exposição dos e-mails ou trocá-los entre os grupos.

NOSSO COMPROMISSO

- A Bíblia fechada não é palavra de vida. Motivar os catequizandos para colocarem a Bíblia em um lugar de destaque nas suas casas.

CELEBRANDO NOSSO ENCONTRO

- Pedir para os catequizandos formarem um círculo ao redor das duas Bíblias e da vela acesa.
- Pegar a Bíblia que está amarrada e passar de mão em mão. Cada um deverá ajudar a desamarrá-la, dizendo por que a Bíblia deve ser aberta.
- Ler 2Tm 3,14-17 em forma de eco: o catequista lê uma frase e todos a repetem.

    Canto: *"Tua palavra é lâmpada para os meus pés, Senhor! Lâmpada para os meus pés e luz, luz para o meu caminho!"*

    (KOLLING, Ir. Míria T. et al. **Cantos e orações**: para a liturgia da missa, celebrações e encontros. Petrópolis: Vozes, 2004).

Para o próximo encontro

- Conversar com os pais e amigos:
    - O que conhecem sobre a história da formação do povo de Deus?
- Estabelecer comparações entre os meios de comunicação que temos hoje (rádio, TV, internet, celular, jornal, livros etc.) e a Bíblia: o que dizem, como dizem e para quem.

3
A BÍBLIA SE APRESENTA A NÓS

RECURSOS

- Folhas de papel para escrever os nomes dos personagens bíblicos.
- Selecionar materiais como: jornal velho, caixa de papelão, fita adesiva, cola, massa de modelar, tesoura, para os catequizandos confeccionarem instrumentos que simulem os meios de comunicações atuais (TV, rádio e outros).
- Varal (fio de nylon).
- Grampos de roupa.

INTERagindo

- Retomar o encontro anterior e trocar ideias com os catequizandos sobre os meios de comunicação, dizendo que Deus se comunica por meio de acontecimentos e palavras.
- Dialogar com os catequizandos sobre a atividade proposta no encontro anterior: estabelecer comparações entre os meios de comunicações atuais e a Bíblia.
- Escrever, nas folhas de papel, os nomes dos personagens bíblicos em ordem cronológica, para que os catequizandos possam entender melhor a caminhada do povo de Deus. Por exemplo: Abraão, Jacó, Moisés, e assim sucessivamente.
- A partir da história da comunidade, da própria história enquanto catequista, da formação da cidade, do povo brasileiro, sensibilizar os catequizandos para o entendimento

da história do povo de Deus, caminhada iniciada desde Abraão e que continua até nós, em nossas comunidades.

- Motivar para o diálogo, questionando:
  - Como está sendo sua participação pessoal nesta caminhada, na comunidade, na família, na escola?
- Registrar as conclusões no livro do catequizando.

ILUMINANDO NOSSA VIDA

- Fazer um rápido resumo sobre a história do povo de Deus. Propõe-se utilizar o varal didático, lembrando de prender bem as duas pontas do varal, para que fique firme. De acordo com a linha do tempo, pendurar as folhas de papel com os nomes, prendendo-as com os grampos: Abraão, Jacó, Moisés...
- Ler Lc 24,27 e comentar: Jesus conhecia profundamente as escrituras e ensinava a todos a importância de conhecê-la, para descobrir a expressão da vontade de Deus no dia a dia.
- Dividir a turma em grupos e pedir que os catequizandos atualizem a história de alguns personagens bíblicos (Abraão, Moisés e outros), fazendo as apresentações utilizando-se os meios de comunicação atuais: com a caixa de papelão poderão fazer um programa de TV, um telejornal, entrevistas, músicas, entre outros. O importante é usar a criatividade.
- Mais algumas informações importantes sobre onde e quando a Bíblia foi escrita:
  - A Bíblia foi escrita em diferentes lugares: na Palestina, na Babilônia, no Egito, na Itália, na Ásia Menor e na Grécia.
  - Muita gente esteve envolvida na caminhada de construção do povo de Deus até nós, e isto levou muito tempo. A Bíblia foi sendo escrita bem devagarinho, ao longo de quase

mil anos. Seus primeiros escritos apareceram por volta do ano 1200 a.C., e os últimos foram escritos lá pelo ano 100 d.C. O tempo em que a Bíblia foi escrita é só uma parte da história do povo de Deus. Durante muito tempo a história foi transmitida de pai para filho, de geração em geração, em família, nas celebrações, é o que chamamos de Tradição Oral. Só muito tempo depois, com o desenvolvimento da escrita, é que escreveram sobre sua experiência de Aliança com Deus. Foram anotando à mão, em pedras, paredes, rolos de papiro ou pergaminho, tudo o que sabiam de cor, aquilo que lhes foi ensinado, aquilo que cantavam e rezavam. Tudo isto foi sendo guardado em lugares e épocas diferentes, sempre influenciados pelos costumes, pelas culturas diversas por onde o povo passou e viveu, desde a Palestina até às muitas comunidades fundadas e visitadas pelos apóstolos, na Grécia e na Itália.

- A Bíblia é o livro da comunidade. Nasceu do esforço comunitário de um povo que procurava ser fiel a Deus e a si mesmo. O povo foi descobrindo aos poucos, na sua vida e nos escritos sobre o passado e o presente, a expressão da vontade de Deus, a presença da Palavra do próprio Deus, inspirando, conduzindo, corrigindo. É, portanto, fruto do esforço do povo e da ação de Deus.

NOSSO COMPROMISSO

- A Bíblia é a Palavra de Deus revelada aos homens, que ensina a viver e ilumina com a força do Espírito Santo de Deus. Só ele pode nos ajudar a descobrir e entender a Palavra de Deus. Não basta só estudar o livro. É preciso acolher a mensagem de Deus.

- Motivar para o compromisso de alimentar-se dominicalmente do Pão da Palavra e do Pão da Eucaristia, participando da Missa ou da Celebração da Palavra. Incentivar a participação conjunta da família na missa.

CELEBRANDO NOSSO ENCONTRO

- Motivar os catequizandos para um momento de oração.

Canto:

Toda Bíblia é comunicação
De um Deus-Amor, de um Deus-Irmão.
É feliz quem crê na revelação,
Quem tem Deus no coração.

1. *Jesus Cristo é a Palavra,*
   Pura imagem de Deus Pai.
   Ele é vida e verdade,
   A suprema caridade.

2. *Os profetas sempre mostram*
   A vontade do Senhor
   Precisamos ser profetas
   Para o mundo ser melhor.

(KOLLING, Ir. Míria T. et al. **Cantos e orações**: para a liturgia da missa, celebrações e encontros. Petrópolis: Vozes, 2004).

Catequista: *Vamos pedir a luz do Espírito Santo, para que possamos viver de acordo com a Palavra de Deus e ser como os profetas, comunicadores da sua vontade, contribuindo para a construção de um mundo melhor.*

Todos: *Ó Deus, ilumina a mente de cada um destes teus filhos, que juntos querem assumir o compromisso de ler, escutar, amar e viver a tua palavra, de maneira especial neste ano de catequese. Abençoa também as nossas famílias. Amém.*

PARA O PRÓXIMO ENCONTRO

- Pedir para os catequizandos pesquisarem sobre o fenômeno da migração no Brasil. Procurar saber os motivos que levam algumas famílias a deixarem suas terras e o que acontece com elas.
- Trazer figuras e reportagens de migrantes regionais e/ou nacionais.
- Conversar com a família e perguntar sua origem. Buscar saber se algum antepassado veio de outro país.

4
ABRAÃO E A PROMESSA: OS PATRIARCAS

RECURSOS

- Bíblia.
- Pesquisa dos catequizandos sobre a migração no Brasil e informações sobre a sua origem.
- Figuras ou reportagens de migrantes regionais e/ou nacionais.
- Música *'Sampa'*, de Caetano Veloso, e um cartaz com a letra (sugere-se utilizar CD com esta música).
- Aparelho de som.
- Papelógrafo, cortado em formato 18 x 26 cm.
- Cola e tesoura.

INTERAGINDO

- Situar e dialogar com os catequizandos sobre o fenômeno da migração, a partir da pesquisa que realizaram.
- Ouvir dos catequizandos se algum deles passou pela experiência de mudar-se de um lugar para outro.
- Comentar sobre a origem do povo brasileiro, formado a partir da migração de povos vindos da Europa, da Ásia, do Oriente Médio.
- Questionar se descobriram, durante a semana, se têm algum antepassado que veio de outro país.

- Perguntar o que descobriram sobre os motivos que levam algumas famílias a deixarem suas terras e o que acontece com elas. Deixar que falem. Comentar sobre os migrantes nordestinos, nas secas; os lavradores que saem do campo para viverem na cidade, entre outros.
- Confeccionar um álbum com as figuras e reportagens que trouxeram.
- Utilizar a música '*Sampa*' para mostrar o Abraão de hoje, explorando a letra. Para isso, solicitar que leiam um trecho da letra da música. Se possível, usar o CD e o aparelho de som para que possam ouvi-la.
- Deixar que cada um fale o que entendeu.
- Escrever as conclusões no livro do catequizando.
- Obs.: algumas atividades do livro do catequizando poderão ser realizadas no decorrer do encontro, enquanto, outras, em casa e trazidas para o próximo encontro.

ILUMINANDO NOSSA VIDA

- Situar os catequizandos na linha do tempo: 1850 a.C., com Abraão, o tempo dos Patriarcas (pode ser utilizado o desenho da linha do tempo do encontro anterior).
- Ler o texto bíblico de Gn 12,1-8.
- Ressaltar a fé e a confiança de Abraão em Deus.
- Contar-lhes a história de Abraão. Apenas um resumo rápido, para motivá-los aos trabalhos nos grupos:
  - A história do povo da Bíblia começou com uma migração. A migração de Abraão e sua família, que moravam no Oriente Médio, onde hoje fica o Iraque. A vida em Ur, cidade onde moravam, ficava muito difícil devido a uma grande crise social e econômica. As tribos mais pobres,

como a de Abraão, eram chamadas de '*hapiru*', donde surgiu a palavra '*hebreu*', que significava o seu *status social*, a sua condição de '*sem-terra*', pequenos pastores de gado miúdo, sem lugar fixo (nômades), mudando sempre em busca de água e vegetação que possibilitasse sua vida e a de seus rebanhos. Deus, prometeu a Abraão terra, filhos, vida longa e abençoada. Abraão, 'o *temente a Deus*', fiel ao Senhor, conduziu o povo para uma vida nova. O filho de Abraão, Isaac, teve uma participação muito especial nesta história, é ele o sinal da promessa, da Aliança de Deus com seu povo escolhido, o povo hebreu (cf. Gn 21,1-7).

- Motivar os catequizandos para que, em grupos, completem a história sobre os principais fatos da vida de Abraão e sua família, no seu livro. Não esquecer que algumas atividades poderão ser realizadas em casa e trazidas para o próximo encontro.

NOSSO COMPROMISSO

- Abraão foi um homem temente a Deus, ou seja, fiel ao Senhor. Ele levava a sério a sua fé e buscava viver do jeito que Deus o indicava: com a coragem de deixar tudo e partir em busca de uma vida melhor para os seus; acreditava sem reservas em Deus; procurava viver em paz com seus familiares e vizinhos, partilhando água e terras; era hospitaleiro com os visitantes; louvava e agradecia as bênçãos de Deus.
- Motivar para que cada um pense em um gesto, uma atitude concreta para ser parecido com Abraão, para ser digno como seu filho e descendente. Orientar para que sejam atitudes práticas, possíveis e, por isso, pequenas, simples, aquilo que cada um pode realmente fazer.

CELEBRANDO NOSSO ENCONTRO

- Colocar o álbum com as figuras e reportagens sobre uma mesa no centro da sala de encontro, e pedir que os catequizandos a observem por alguns instantes em silêncio. Na sequência, convidá-los a rezar.

Catequista: *De mãos dadas, expressando a fé em um Deus que caminha com seu povo, que é fiel à sua promessa, vamos relembrar situações de injustiça, de opressão do povo, de migrações por causa da seca, da pobreza, da violência e, a exemplo de Abraão, vamos pedir que Deus proteja e guie seu povo nos dias de hoje.*

Todos: *Senhor, toma em tuas mãos estes que são teus e que resgatastes por teu Filho, Jesus. Ampara-os em seus sofrimentos, abençoa-os em suas lutas e guia-os em seus caminhos. Amém.*

- **Canto:**

1. *O Povo de Deus no deserto andava, mas à sua frente alguém caminhava.*
O Povo de Deus era rico em nada, só tinha a esperança e o pó da estrada.
Também sou teu povo, Senhor, estou nessa estrada.
Somente a tua graça me basta e mais nada.

2. *O Povo de Deus também vacilava, às vezes custava a crer no amor.*
O Povo de Deus, chorando rezava, pedia perdão e recomeçava.
Também sou teu povo, Senhor, estou nessa estrada.
Perdoa, se às vezes, não creio em mais nada.

(KOLLING, Ir. Míria T. et al. **Cantos e orações**: para a liturgia da missa, celebrações e encontros. Petrópolis: Vozes, 2004).

PARA O PRÓXIMO ENCONTRO

- Solicitar que os catequizandos conversem com suas famílias e amigos sobre o costume de pedir e dar a bênção.

5

JACÓ, O HERDEIRO DA BÊNÇÃO E DA PROMESSA!

RECURSOS

- Cartaz com a transcrição da bênção de Deus a Abraão (Gn 12,3), a Isaac (Gn 23,24) e a Jacó (Gn 28,13-15).
- Sugere-se apresentar uma Bíblia ilustrada com a história de José do Egito.
- Dramatizar as cenas da vida de José: em família; vendido para os egípcios; José e os sonhos do Faraó; o perdão a seus irmãos.
- Organizar um altar para a celebração (prever local e material).
- Conversar com os catequizandos sobre o costume de pedir a bênção para os pais. Comentar que este é um costume que nasceu com nossos pais na fé. Deixar livre para que cada um se expresse e fale se o costume da bênção acontece ou não em sua casa, em sua família.
- Ler e copiar, no livro, a bênção de Deus a Abraão, Isaac e Jacó. Depois, ler juntos o cartaz, preparado antecipadamente, com a transcrição das três bênçãos.

ILUMINANDO NOSSA VIDA

- Explicar o significado de bênção e maldição. Quem pode abençoar? Quais as palavras e gestos de quem abençoa? Bênção ou bendição vem de *'fazer o bem'*; enquanto maldição vem de *'fazer o mal'*. Há pessoas que transmitem e só desejam o bem e a bênção. Há outras, porém, que desejam o mal, que separam com inveja, fofocas.

- Para a segunda atividade do livro do catequizando, forme duplas e peça que um escreva uma bênção para o outro. Aproveitar para realizar um momento de bênção no final do encontro em que um abençoa o outro.

- Comentar:
  - Na Bíblia, encontramos inúmeras situações em que as pessoas estão com Deus e fazem o bem, por isso são abençoadas. Mas, encontramos também pessoas que se afastam de Deus e fazem mal aos outros, que são amaldiçoadas.
  - Nossos pais na fé, Abraão, Isaac e Jacó – os Patriarcas – foram abençoados por Deus. Eram pessoas simples, sem riquezas, em constante migração, viviam organizados como *'família patriarcal'*, ou clã. Javé (Yahweh = "Eu sou aquele que sou"), era o nome de Deus, conforme revelado a Moisés (Cf. Ex 3,14). Os judeus evitam pronunciar este nome e o substituem por Adonay (Senhor). Deus é, para o povo, único Deus, amigo e companheiro de caminhada. O patriarca tinha a missão de presidir os ritos e as celebrações familiares, como o nascimento, o desmame, a circuncisão, a morte. Suas celebrações eram realizadas no próprio ambiente em que viviam.
  - É Deus quem dá a bênção, quem escolhe um povo seu, quem prepara o caminho, isto fica bem claro na história de José, que vale a pena ser conhecida e dramatizada com os catequizandos (Gn 37–50).

- Orientar as atividades do livro do catequizando.

NOSSO COMPROMISSO

- Conhecendo Abraão, Isaac, Jacó e José, ficamos sabendo como eles se relacionavam com Deus, quais os valores e atitudes com que demonstravam sua fidelidade e amor a Javé.

- Motivar para que cada um procure descobrir, nesses personagens bíblicos, um ensinamento ou uma lição bem fácil, que possa ser praticada no seu dia a dia, com Deus e com as pessoas.
- Escrever no livro do catequizando.

CELEBRANDO NOSSO ENCONTRO

- Preparar um espaço, na sala de catequese, para erguer um pequeno altar para louvar a Deus com cânticos e orações, lembrando que *'o Deus de nossos pais, o Deus de Abraão, de Isaac e de Jacó'* é um Deus companheiro, amigo e protetor.
- Motivar para que, espontaneamente, cada um faça uma prece de perdão, de pedido ou de agradecimento, relacionado com o tema do encontro.
- Após as preces, com a Bíblia, rezar o Salmo 105,1-23, que resume o tempo dos Patriarcas e louva Deus, em forma de um jogral (conforme o grupo, cada catequizando lê um ou mais versículos).

Todos juntos: *Que o Deus de nossos pais, Abraão, Isaac e Jacó, olhe por nós e nos proteja em nossa caminhada de fé, na catequese, na família, na escola. Em nome do Pai e do Filho e do Espírito Santo. Amém.*

Canto: *'Deus nos abençoe, Deus nos dê a paz! A paz que só o amor é que nos traz!'*

(KOLLING, Ir. Míria T. et al. **Cantos e orações**: para a liturgia da missa, celebrações e encontros. Petrópolis: Vozes, 2004).

PARA O PRÓXIMO ENCONTRO

- Gravuras e reportagens de situações de opressão, injustiça, trabalho escravo, pobreza.

6
ESCRAVOS NO EGITO

RECURSOS

- Gravuras e reportagens de situações de opressão, injustiça, trabalho escravo, pobreza.
- Papelógrafo ou papel cartaz (para confeccionar quadros), cola, tesouras e pincéis atômicos, para realizar uma exposição sobre a vida do povo.
- Sugere-se utilizar o filme '*O Príncipe do Egito*', ou outro, que conte a história de Moisés.

INTERAGINDO

- Os temas 6 e 7 formam uma sequência histórica natural e, por isso, devem ser dados em 2 ou mais encontros seguidos.
- Se houver possibilidade, preparar tudo para uma sessão de cinema com o filme '*O Príncipe do Egito*', ou outro, que conte a história de Moisés.
- É fundamental entender este período da História da Salvação para que, depois, se compreenda a vinda e a missão de Jesus Cristo no Novo Testamento, que será chamado de o '*Novo Moisés*'.
- Comentar sobre o significado e a razão do nome do livro do Êxodo.
- Se os catequizandos assistirem ao filme, fazer comentários sobre ele, motivando-os a falarem.

- Elaborar uma exposição com os catequizandos, estilo galeria de quadros, com as gravuras e reportagens que trouxeram sobre as situações de opressão, injustiça, trabalho escravo, pobreza. Poderão dar o título: '*A Vida do Povo*'.
- A partir dos quadros, motivar o diálogo sobre as situações em que as pessoas sofrem a exploração de poderosos, ou se sentem oprimidas, sem ver saída para uma vida melhor, ficando escravizadas. Pensar nas crianças e adolescentes que não podem ir à escola, à catequese, porque precisam trabalhar ou são exploradas pelos adultos, estão infelizes. Muitas passam fome, não têm onde morar, não têm assistência médica e hospitalar...
- Com base nas situações expostas, perguntar aos catequizandos que sugestões eles teriam para resolvê-las.
- Escrever as conclusões no livro do catequizando.

ILUMINANDO NOSSA VIDA

- Pedir aos catequizandos para compararem os quadros sobre a opressão e os oprimidos de hoje e a opressão no Egito e perguntar: em que se parece a realidade de hoje com a escravidão no Egito? Quem são os '*Faraós*' e os '*hebreus*' de hoje? Quem são os '*libertadores*' de hoje, como as parteiras, mães, os '*Moisés*' e '*Aarãos*', que ajudaram ou ajudam o povo, os oprimidos, os fracos e os sofredores?
- Recordar, brevemente, a história de José, focando na busca de refúgio no Egito pelos hebreus e outras tribos de hapirus.
- Comentar:
  - No reinado do Faraó Ramsés II, muitos deles trabalhavam como escravos na construção das cidades.
  - Com o passar dos anos, todos eles, explorados e oprimidos, os hapirus, unidos no mesmo sofrimento e escravidão, começam a se organizar e resistir ao poder do Faraó. Houve tentativas de saídas. Algumas frustradas. Havia avanços e retrocessos na luta para se livrarem da escravidão.

- Deus escuta o clamor do seu povo oprimido (Ex 2,23-25) e age em favor deles por meio de pessoas simples, do povo, que querem colaborar com a construção de seu Projeto de Vida e de libertação (cf. Ex 3,16-22 e 4,27-31).
- Deus propõe um projeto a Moisés: conscientizar o povo e seus líderes; reivindicar seus direitos junto às autoridades; não desanimar, mesmo nos fracassos, pois Deus estará sempre ao seu lado, inspirando outras saídas, ajudando o povo a resistir, enfraquecendo o poder e assegurando a libertação.
- Moisés, aquele que foi '*retirado das águas*' do Nilo, precisou passar por um longo processo de conversão, durante o qual Deus preparou seu coração e fortaleceu sua coragem. Sensibilizado com o sofrimento do povo, mas com muito medo, Moisés arranjou muitas desculpas e motivos para não voltar ao Egito. Deus, por sua vez, não aceita suas desculpas e leva Moisés a aceitar, com coragem, a missão que ele lhe dá. Com seu irmão Aarão, Moisés parte para o Egito, para lutar com seu povo pela liberdade (cf. Ex 3 e 4). Seria uma libertação difícil, lenta, cheia de obstáculos e retrocessos. Mas, Moisés carregava uma certeza: Javé era o aliado incondicional do seu povo.

• Ressaltar a instituição e o significado da Páscoa: passagem da escravidão do Egito para a libertação. Jesus transformou o rito da Antiga Aliança no memorial da Nova Aliança, o rito da Eucaristia. (cf. Lc 22,19-20).

NOSSO COMPROMISSO

• Moisés foi um grande líder que ajudou o povo a se libertar da escravidão e a organizar-se.

• Perguntar aos catequizandos de que formas eles poderiam ajudar: participando de um grupo na catequese para auxiliar as pessoas ou formando uma equipe na escola para um trabalho em prol do bem comum?

CELEBRANDO NOSSO ENCONTRO

- Motivar os catequizandos para o momento da oração.

    Catequista: *Rezemos juntos, na Bíblia, o Salmo 124, que o povo rezava, cheio de esperança na intervenção e na proteção de Deus para aliviar seu cansaço e humilhação por parte dos poderosos.*

PARA O PRÓXIMO ENCONTRO

- Solicitar aos catequizandos que conversem, durante a semana, sobre:
    - O que é necessário para uma boa convivência na sociedade, na família, na comunidade, na escola...?
    - O que significa fazer uma aliança?

7
UM POVO QUE SE LIBERTA E SE FORMA NA ALIANÇA

RECURSOS

- Papéis escritos com as seguintes palavras: fome, violência, trabalho escravo, injustiça, opressão, trabalho infantil, falta de moradia.
- Cartaz com o desenho de dois pares de alianças entrelaçadas, um desenhado na parte superior e o outro na parte inferior do cartaz.
- Fita adesiva.

INTERAGINDO

- Sugere-se que o catequista escreva palavras em papéis e chegue antes ao local do encontro, para colocá-las debaixo das cadeiras dos catequizandos (use a fita adesiva).
- Escrever ou colar, no cartaz, junto ao par de alianças que está na parte superior: na primeira, a proposta de Deus (Ex 19, 5-6) e, na segunda, a resposta do povo (Ex 24,7). O outro par será preenchido no momento da celebração.
- Conversar com os catequizandos: o que é necessário para uma boa convivência na sociedade, na família, na comunidade, na escola...? [Deixar os catequizandos falarem].

- Ressaltar a necessidade de normas, leis, para a promoção da vida.
- Solicitar que, um por vez, de maneira aleatória, pegue o papel que está debaixo de sua cadeira e elabore uma lei que promova a vida e ajude as pessoas. Por exemplo: <u>Trabalho Infantil</u> - *toda criança tem direito à moradia, escola, brincar...*
- Registrar, cada um no seu livro, a palavra que pegou e a lei que elaborou.

ILUMINANDO NOSSA VIDA

- Perguntar aos catequizandos: o que significa fazer uma aliança?
- Explicar que aliança significa todo tipo de acordo, de concordata, de união entre entidades diversas, interessadas no mesmo objetivo.
- Comentar:
  - "*A lei é uma regra de comportamento, promulgada pela autoridade em vista do bem comum. A lei moral supõe a ordem racional estabelecida entre as criaturas, para o seu bem e em vista de seu fim, pelo poder, pela sabedoria e bondade do Criador...*". (CIC, n. 1.951)
  - "*A lei 'divina e natural' mostra ao homem o caminho a seguir para praticar o bem e atingir seu fim. A lei natural enuncia os preceitos primeiros e essenciais que regem a vida moral (...). Está exposta em seus principais preceitos, no Decálogo.*" (CIC, n. 1.955)
  - Moisés não só conduziu o povo pelo deserto, mas o conduziu também para Deus, na esperança da libertação. No deserto, o povo amadureceu profundamente na sua fé em Deus, o seu Deus Libertador, que caminhava à sua frente. Os sofrimentos do deserto purificaram o povo e o reuniram como povo escolhido.

- No Monte Sinai, Deus faz aliança com seu povo: Deus se compromete em proteger sempre o povo. O povo se compromete em não prestar mais culto a deuses estrangeiros, mas somente ao Senhor, seu Deus Único, e não escravizar nem oprimir ninguém, lembrando o que os reis e Faraós fizeram a seus antepassados.
- A celebração da Aliança de Deus com seu povo apresentou alguns sinais e gestos concretos: o <u>Decálogo</u> com as normas e leis que o povo deveria viver para não voltar a ser escravo, como no Egito; a <u>Arca da Aliança</u>, onde foram guardados as placas de pedras e o sangue dos animais sacrificados; a <u>resposta do povo</u>, em coro, em adesão à Aliança: '*Nós faremos tudo o que o Senhor disse e seremos obedientes*'. Então, Moisés aspergiu o povo com o sangue dos animais, selando aquele juramento, aquela aliança de amizade e fidelidade entre Javé e o povo de Israel.

- Explorar que se passaram quarenta anos entre a saída do Egito e a chegada a Canaã. Antes, porém, morre Moisés. Josué é indicado como continuador da missão de Moisés, aquele que ajudaria o povo a conquistar a sua terra com seu próprio esforço, pois ela já estava nas mãos de outros.
- Ler Ex 20,1-17.
- Orientar o preenchimento das questões no livro do catequizando.

NOSSO COMPROMISSO

- Comentar:
  - "*Deus, nosso criador e nosso redentor, escolheu para si Israel como seu povo e lhe revelou a sua lei, preparando assim a vinda de Cristo. A lei de Moisés exprime diversas verdades naturalmente acessíveis à razão. Essas se acham declaradas e autenticadas no interior da aliança da salvação.*" (CIC, n. 1.961)

- *"A lei Antiga é o primeiro estágio da Lei revelada. Suas prescrições morais se acham resumidas nos Dez Mandamentos. Os preceitos do Decálogo assentam as bases da vocação do homem, feito à imagem e semelhança de Deus; proíbem aquilo que é contrário ao amor de Deus e do próximo e prescrevem o que lhe é essencial. O Decálogo é uma luz oferecida à consciência de todo homem para lhe manifestar o chamamento e os caminhos de Deus, e protegê-lo do mal: Deus escreveu nas Tábuas da Lei aquilo que os homens não conseguiam ler em seus corações."* (CIC, n. 1.962)

- Motivar para que cada um reflita sobre o seu compromisso com Deus, selado no Batismo: tenho sido fiel ao meu compromisso de filho de Deus?

CELEBRANDO NOSSO ENCONTRO

- Propor uma renovação do compromisso do Batismo, de amar e servir a Deus e de viver como irmãos.

- **Catequista:** *A Nova Aliança é firmada por Jesus, o Cordeiro imolado em sacrifício, cujo sangue derramado na cruz libertou toda a humanidade. Jesus nos propõe uma nova lei, um novo mandamento: "Amai-vos uns aos outros, assim como eu vos amei".* (Jo 13,34-35)

- Escrever o mandamento de Jesus dentro do segundo par de alianças no cartaz.

- Ler o mandamento, todos juntos.

- **Catequista:** *Neste momento, vamos refletir se estamos vivendo este compromisso e como fazer para viver melhor o novo mandamento de Jesus.*

- Motivar para que falem, espontaneamente.

- **Catequista:** *Vamos dar o nosso sim a Deus, à sua aliança conosco, cantando:*

- **Canto:**

   Sim, eu quero que a luz de Deus que um dia em mim brilhou, jamais se esconda e não se apague em mim o seu fulgor. Sim, eu quero que o meu amor ajude o meu irmão a caminhar guiado por tua mão. Em tua lei, em tua luz, Senhor!

   1. Esta terra, vida nova, comunhão com Deus, no batismo aquele dia eu recebi, vai aumentando sempre e vai me transformando, até que Cristo seja todo o meu viver.

   (KOLLING, Ir. Míria T. et al. **Cantos e orações**: para a liturgia da missa, celebrações e encontros. Petrópolis: Vozes, 2004).

Para o próximo encontro

- Solicitar que os catequizandos procurem se informar sobre os líderes de sua comunidade, identificando pessoas e fatos reais de lutas e tentativas, de pessoas ou de grupos de sua comunidade, por uma sociedade mais justa e fraterna.

8
JUÍZES: ENVIADOS DE DEUS EM FAVOR DO POVO!

RECURSOS
- Bíblia, vela e fósforo.
- Cartaz com o nome dos juízes.

INTERAGINDO

- Relatos reais de lutas e tentativas de pessoas ou de grupos de sua comunidade por uma sociedade mais justa e fraterna.
- Motivar a fé nos gestos de fraternidade como transformação da nova sociedade.
- Dinâmica: júri simulado.
    - Solicitar um voluntário para ser juiz, e outros para comporem o corpo de jurados, outros como advogados de defesa e, outros ainda, como advogados de acusação.
    - Combinar algumas situações de conflito para que o juiz possa dar seu parecer.
    - O juiz deverá ouvir a opinião do júri antes de dar a sentença.
    - Os advogados de defesa e acusação devem estar prontos para argumentar.
- Conversar com os catequizandos sobre o que cada um percebeu: foi fácil ser juiz? Todos concordaram com a sua decisão? O que é preciso para ser um bom juiz?

- Perguntar aos catequizandos sobre relatos reais de lutas e tentativas, de pessoas ou de grupos de sua comunidade, por uma sociedade mais justa e fraterna: quem são os líderes de nossa comunidade?
- Comentar:
  - Moisés não entrou em Canaã. Morreu quando estava avistando as montanhas da Terra Prometida. Por ordem divina, Moisés designou Josué seu sucessor na condução do povo para a Terra de Canaã (Nm 27,13-15; Dt 34,9). E a encontraram. Mas, já estava ocupada por outros habitantes: os reis, os camponeses e os hapirus.
  - Um fato marcante acontece nesta época: todas as tribos, lideradas por Josué, fazem uma grande assembléia popular, em Siquém, por volta do ano 1200 a.C. Nesta assembleia, cada tribo conta a sua história, suas tradições ligadas aos antepassados, os patriarcas. Uma tribo se identifica mais com Abraão, outra com Moisés, outra ainda, com Jacó... Há uma consciência maior de um ideal comum, e, unificadas as tradições de cada tribo na História dos Patriarcas e do Êxodo, o povo renova a Aliança com Javé, que é aceito como Deus e Senhor de todas as tribos.
  - A terra, que antes estava acumulada nas mãos de poucos, é distribuída entre as doze tribos de Israel. Foi feita uma lei para o uso da terra, tendo em vista o projeto de um novo tipo de sociedade, onde se buscava a justiça, a igualdade e a fraternidade, evitando-se o acúmulo nas mãos de poucos.
  - Explorar quem são os juízes (alguns deles): Otoniel (Jz 3, 7-11), Aod (Jz 3,12-30), Débora (Jz 4,4 – 5,1-31), Barac (Jz 4,1-23), Gedeão (Jz 6 – 8,35), Jefté (Jz 11 – 12,7), Sansão (Jz 13 – 16) e Samuel.
  - O tempo dos juízes - quase 200 anos - é o tempo em que o povo de Deus tentou viver a organização igualitária, proposta por Javé e iniciada por Josué. Tentar, significa que houve momentos fortes de união e fases difíceis, de decadência do

sistema igualitário. Houve pecados e imperfeições, mas Israel organizou-se socialmente, com um governo representativo das tribos nas assembleias e não por dominação de um único chefe político.

- Convidar os catequizandos para lerem Jz 2,11-16.18-19.

   a) O povo é infiel à Aliança:
   - Os israelitas fizeram o que é mau aos olhos do Senhor (Jz 2,1-2; 3,7.12; 4,1; 6,1; 10,6; 13,1).

   b) O castigo é narrado como consequência do pecado:
   - Enfureceu-se a ira do Senhor contra Israel (Jz 4,14.20; 3,8-10).
   - O Senhor os entregou nas mãos dos seus inimigos (Jz 3,14; 4,2; 6,1; 10,7).

   c) Deus lembra a sua Promessa (Jz 2,18; 10,16).

   d) A opressão provoca o arrependimento:
   - Então clamaram ao Senhor (Jz 3, 9.15; 4, 3; 6, 6; 10, 10).
   - O Senhor se comovia por causa de seus gemidos (Jz 2, 18; 10,16).

   e) Deus respondia às súplicas dos israelitas, enviando-lhes '*juízes*' para libertá-los (Ex 34, 7; Jz 3, 9.15; 6, 14; 10, 1-5).

- Orientar as atividades do livro do catequizando.

NOSSO COMPROMISSO

- Comentar que os Juízes não eram homens magistrados, como o nome poderá traduzir, mas sim, homens que governavam o povo. Eram, portanto, governantes guerreiros, cheios de astúcia, que suscitados por Deus passavam a ser salvadores do povo em um determinado momento de aflição e infidelidade.

- Motivar os catequizandos para que, inspirados na ação dos juízes, respondam: como você pode fazer para colaborar na sua comunidade, família, escola, catequese?
- Registrar no livro do catequizando.

CELEBRANDO NOSSO ENCONTRO

- Preparar o ambiente: deixar a Bíblia em lugar de destaque e acender a vela.

  Catequista: Deus é sempre fiel. Ele nunca nos abandona. Mesmo nas situações em que nos afastamos dele, está sempre pronto a ouvir nossas preces e nos ajudar. Façamos preces de agradecimento a Deus, nosso Pai, que nos ama gratuitamente.

  Todos: Obrigado, Senhor, pela imensidão do teu amor!

  Catequista: De mãos dadas, rezemos o Pai-nosso por todos aqueles, que a exemplo dos juízes, ajudam as pessoas na defesa e na preservação da liberdade do povo.

Para o próximo encontro

- Solicitar que os catequizandos pesquisem, durante a semana, sobre as ações dos reis, governantes, presidentes, imperadores e ministros atuais: o que há de bom sendo feito em benefício do povo e quando sua arrogância e prepotência podem prejudicar, especialmente os pequenos e pobres.

9
É PRECISO QUE TENHAMOS UM REI!

RECURSOS
- Bíblia.
- Roupas para a dramatização, que podem ser feitas com jornais, lençóis.

INTERAGINDO

- Dramatizar e refletir a história 'Um rei e seus filhos'.
- Trabalho em grupo sobre a vida dos reis Saul, Davi e Salomão.

Um rei e seus filhos

Era uma vez, um rei que tinha três filhos. Ele estava muito velho e queria saber qual deles seria o melhor sucessor. Então ele chamou os filhos e disse:
- Quero que vocês se preparem para ser rei. E, na hora da minha morte, eu escolherei o melhor.
Então, o primeiro filho foi procurar um velho guerreiro e lhe pediu:
- Ensine-me a lutar.
E tanto fez exercícios e lutou, que era considerado o homem mais corajoso e mais ágil do reino.
O segundo, por sua vez, decidiu-se;
- Quero aprender tudo o que os homens já descobriram sobre o mundo.

E estudou, estudou, estudou! Em pouco tempo, ele sabia muitas coisas, desde o movimento das estrelas até a melhor época para o plantio das sementes.

O terceiro filho, contudo, não sabia o que fazer! E logo desistiu de ser rei. Então, trocou suas roupas de príncipe por roupas comuns e saiu viajando pelo país. Parava aqui e ali e ia conversando e ajudando as pessoas: uma ponte tinha caído, ele ajudou a construí-la; uma cidade estava assolada pela peste, ele ajudou a tratar os doentes; em um campo, os trabalhadores não sabiam ler nem escrever, ele ficou uns tempos com eles para ensinar-lhes. Foi seguindo e vivendo com o povo, sem se preocupar com o dia da escolha do rei.

O tempo foi passando.

Quando o rei sentiu que não ia viver muito tempo mais, chamou seus filhos. Perguntou-lhes:

- O que farão vocês quando forem reis?

O primeiro lhe disse:

- Eu vencerei nossos inimigos, guerrearei e aumentarei o nosso reino.

O velho lhe respondeu:

- Você será poderoso e todos o temerão.

O segundo lhe disse:

- Eu aplicarei o que sei para enriquecer meu país; em breve, abriremos fábricas e escolas e teremos mais dinheiro que os outros reinos.

Seu pai lhe falou:

- Você será famoso e todos o admirarão.

O terceiro falou:

- Meu pai, não posso ser rei! Passei meus dias servindo ao povo, e só assim me sinto feliz.

Então o pai o escolheu, dizendo:

- Você será um rei amado, mas, além disso, saberá amar. Pois um bom governante não é o que mais pode ou o que mais sabe, mas o que serve mais a seu povo.

(DEFILIPPO, 2003, p. 61)

- Motivar o diálogo: qual é o maior valor para cada um dos três candidatos ao trono? Você concorda com a escolha do rei? Por quê? Você conhece, na história política do nosso

país ou de outras nações, governantes com alguns desses valores? Exemplifique.
- Registrar no livro do catequizando.

ILUMINANDO NOSSA VIDA

- Comentar:
    - Durante muitos anos, os israelitas foram governados por um conselho representativo das doze tribos. Seu chefe maior era Jacó e sua força estava na união e ajuda mútua entre as tribos. Nas situações de crise, eram liderados por Josué e/ou juízes.
    - Mas, com o passar dos anos e das gerações, o código da Assembleia de Siquém foi sendo esquecido. A divisão entre as famílias e tribos foi enfraquecendo a confederação e, então, as contínuas derrotas diante dos povos estrangeiros foi exigindo um líder autoritário, um exército forte e reconhecido pelas outras nações. Os israelitas começam a acreditar que a solução era nomear um rei importante, poderoso, com palácio de luxo e com soldados. No entanto, Samuel, o juiz sábio e fiel, advertiu-lhes da opressão dos reis, da exploração e do prestígio deles às custas do sacrifício e sofrimento do povo! Mas, só experimentando é que descobriram que muitos de seus reis foram homens fracos, que se deixaram corromper pela riqueza, pelo poder, sem se importar com o bem de todos. Nem sempre eram os representantes de Deus, justos e sábios, fiéis à Aliança do Sinai.
    - Tem início o período dos reis e dos reinos de Judá e de Israel. O primeiro rei de Israel foi Saul, ungido por Samuel. Mas Saul não mereceu a confiança do povo e as bênçãos de Deus.
    - Para substituir Saul, foi ungido Davi, que marcou a história do reino com sua grandeza de alma. Foi quem escreveu,

ou pelo menos a quem foram atribuídos, a maioria dos Salmos da Bíblia. Teve muitas faltas, mas pediu perdão publicamente.

- Com o rei Davi, Israel tinha se tornado um estado unido, forte e 'grande' geograficamente. A cidade de Jerusalém, a *'cidade santa'*, tornou-se a capital do Reino Unido. Depois que conquistou Jerusalém, tornando-a capital do seu reino, Davi transportou a Arca da Aliança para lá. Deus, por meio do Profeta Natã, prometeu a Davi a perpetuidade de sua dinastia. (cf. 2Sm 7,12-16).
- Nesse tempo, Salomão é sagrado rei de Israel. Tornou-se célebre por sua sabedoria.
- Salomão organizou o reino e construiu o Templo de Jerusalém, chamado a *'Casa de Deus'*; construiu palácios e dividiu o reino em doze distritos geográficos, nos quais construiu cidades fortificadas, ignorando os limites territoriais das tribos. Passou a cobrar impostos, para sustentar o luxo da corte. No final de seu reinado, havia descontentamento geral, rixas e competições entre as tribos do norte e do sul, com movimentos de revolta liderados por Jeroboão. Israel tinha se tornado uma *'casa da escravidão'*, como aconteceu no Egito. Aí o Reino ou Monarquia chegou ao seu ponto máximo.

NOSSO COMPROMISSO

- Motivar a reflexão sobre o que é possível fazer para melhorar a situação do povo brasileiro:
  - O que os governantes podem e devem fazer para acertar mais e errar menos?
  - O que cada um de nós pode fazer para que os governantes exerçam melhor os seus mandatos?

CELEBRANDO NOSSO ENCONTRO

Catequista: *"Davi é por excelência o rei 'segundo coração de Deus', o pastor que ora por seu povo e em seu nome, aquele cuja submissão à vontade de Deus, cujo louvor e arrependimento serão o maior modelo da oração do povo. Como ungido de Deus, sua oração é adesão fiel à promessa divina, confiança cheia de amor e alegria naquele que é o único Rei e Senhor".* (CIC, n. 2.579)

Com a Bíblia nas mãos, rezemos o Salmo 22.

Todos: *Deus elevou Davi ao trono, como rei de Israel. Seu reinado marcou a história do povo de Deus. O nome de Davi será lembrado para sempre e o Salvador Jesus, nascerá da família de Davi.*

Para o próximo encontro

- Pedir para os catequizandos trazerem jornais, revistas, cola e tesoura.

10
OS PROFETAS: 'UMA PEDRA NO SAPATO DOS REIS'!

RECURSOS
- CD, K7 ou letra da música *'Isaías'* (In: *'O canto das comunidades'*. EPD - Paulinas, faixa 1).
- Jornais e revistas, tesoura, cola.
- Textos bíblicos que podem contribuir:
- Jr 9,2; 9,4; 5,26-27; 5,30-31; 10,1; 31,33-34.
- Is 5,8; 1,23; 5,11-12; 2,4-5; 11,8-9; 25,3-4; 35.
- Sf 3,12-13.

INTERAGINDO

- Conversar sobre fatos atuais de perseguição a pessoas que levam a sério a sua missão de profetas hoje.
- Procurar, nos jornais e revistas, notícias que contenham denúncia e anúncio referentes aos dias de hoje.
- Ler e comentar a notícia sobre o assassinato da Irmã Dorothy:

A CONLUTAS (Coordenação Nacional de Lutas) manifesta o seu total repúdio ao brutal assassinato da missionária defensora do movimento rural sem terra, a Irmã Dorothy Stang, de 73 anos. Ela foi assassinada com três tiros, no sábado, dia 12 de fevereiro de 2005, em uma emboscada no município de Anapú (PA).

Irmã Dorothy, de nacionalidade norte-americana, mas naturalizada brasileira, integrava a Congregação das Religiosas de Notre Dame. Participava da CPT (Comissão Pastoral da Terra) desde a sua fundação e acompanhava com firmeza a luta dos trabalhadores do campo, sobretudo na região da Transamazônica, no Pará. Por causa de sua atuação e pela denúncia da ação predatória de fazendeiros e grileiros, irmã Dorothy vinha recebendo ameaças de morte desde 1999.
O assassinato de Irmã Dorothy mostra a situação terrível em que vivem os lutadores dos movimentos sociais no campo.
CONLUTAS, *15 de fevereiro de 2005.*
(Disponível em: <http://www.andes.org.br/imprensa/ultimas/contatoview.asp?key=3265> Acesso em: 28 nov. 2005).

- Conversar sobre as notícias que estão sendo veiculadas nos meios de comunicação. Comentar e deixar que se expressem.

- Explorar se conhecem algum fato de perseguição, tortura, morte, afastamento ou demissão de cargos ou emprego, de pessoas que se tornaram, como a Irmã Dorothy, '*pedras no* sapato' dos grandes e dos poderosos, porque se comprometeram com os direitos das pessoas, a justiça, com uma vida digna e livre.

- As pessoas que lutam por uma vida digna são exemplos de pessoas que incomodam, são '*pedras no* sapato' dos grandes e dos poderosos quando mexem no lucro abusivo de empresas, denunciam informações falsas de líderes governamentais, de políticos, combatem o coronelismo, os latifúndios, a destruição do meio ambiente, sempre ao lado daqueles que não têm vez e voz. Lutam para que a justiça e o direito sejam respeitados, como: Jesus Cristo, Martin Luther King, Madre Teresa de Calcutá, Irmã Dulce, Dom Oscar Romero, Chico Mendes, Margarida, Ezequiel Ramin e tantos outros, profetas de ontem, de hoje e para o nosso futuro em paz e justiça.

- Realizar a primeira atividade do livro do catequizando: o recorte de jornal.

ILUMINANDO NOSSA VIDA

- Comentar:
  - Esta realidade também aconteceu em Israel, na vida do povo de Deus. Os profetas foram uma '*pedra no* sapato' dos reis e do povo em geral. Chamados, inspirados e '*empurrados*' por Deus, os profetas tinham a missão de fazer viver a Aliança e o Projeto de fraternidade proposto por Deus.
  - Profeta quer dizer aquele que chama, proclama, anuncia. Um '*homem de Deus*', chamado por Deus para falar em seu nome. O profeta, cheio do Espírito Santo de Deus, enxerga a situação em que vive à luz da fé e, então, anuncia a Palavra de Deus e denuncia o pecado. Ser profeta não era fácil e alguns até relutavam contra esta missão que os levava a entrar em conflito com as autoridades e instituições.
  - Como nos dias de hoje, também lá existiram falsos profetas, demagogos, que manipulavam o povo, que compram votos e favores.
  - O verdadeiro profeta coloca-se a serviço de Deus, de seu projeto de amor, de vida para todos, anunciando a esperança e exigindo a conversão.
- Conversar com os catequizandos que Elias foi o '*pai dos profetas*' (cf. CIC, n. 2.582) e que existiram os denominados profetas maiores (Isaías, Jeremias – com Lamentações e Baruc – Ezequiel e Daniel) e os profetas menores (Oséias, Joel, Amós, Abdias, Jonas, Miquéias, Naum, Habacuc, Sofonias, Ageu, Zacarias e Malaquias).

NOSSO COMPROMISSO

- Os profetas recebem uma missão que pede fidelidade a Deus e ao povo. Isso exige muita coragem!
- Motivar os catequizandos a preencherem as denúncias (mal feito) e os anúncios (bem que virá) de ontem e de hoje, no seu livro.
- Perguntar: como você pode ajudar para o bem acontecer?

CELEBRANDO NOSSO ENCONTRO

Motivar para o momento da oração.

Catequista: *É Deus quem escolhe e chama pessoas para serem seus mensageiros. Todos nós, hoje, estamos sendo chamados para sermos profetas.*

Todos: *Que eu possa, Senhor, ser portador de fé e esperança para transformar este mundo em um lugar de amor e paz.*

Cantemos (ou rezemos) a música de 'Isaías' (cf. Is 65,14-55), prestando atenção na sua letra:

- **Canto:**

Boca do povo, povo!
Gritando o novo, novo!
Senhor Deus mandou dizer! (bis)

1. *Eu vou criar um novo céu*
e uma nova terra,
e o que passou, passou;
As misérias suportadas
Já não mais serão lembradas;
Todo mundo a se alegrar
Com o que eu vou criar!

2. *Eu vou tornar Jerusalém*
uma alegria,
todo o povo a sorrir;
Na cidade eu vou vibrar,
Vendo o povo a se alegrar;
Já não mais ouvirão
Choro ou lamentação!

(KOLLING, Ir. Míria T. et al. **Cantos e orações**: para a liturgia da missa, celebrações e encontros. Petrópolis: Vozes, 2004).

Catequista: *Vamos ler 1Rs 19,9-18.*

Todos: *Senhor ensina-nos a ouvir tua voz para que possamos juntos ajudar a construir um novo céu e uma nova terra. Amém!*

Para o próximo encontro

- Pedir que os catequizandos façam uma visita à igreja de sua comunidade e reflitam sobre as atitudes que as pessoas devem ter neste local.

11
"SENHOR, SALVA-NOS!"

RECURSOS
- Bíblia, vela e fósforo.

INTERAGINDO
- Situar os catequizandos no contexto da dominação romana sobre a Palestina, no tempo de Jesus.
- Conversar com os catequizandos sobre o sentido da Nova Aliança, firmada a partir de Jesus.
- Dialogar sobre a experiência de visitação ao templo (igreja ou capela, catedral, santuário...) e o que observaram. Que relações podemos estabelecer entre o Templo de Jerusalém e nossas igrejas hoje?
- Olhar também para nossa realidade social. O que as pessoas ou grupos anunciam de bom ou reclamam, protestam ou querem melhorar? Quais seus sofrimentos e quais suas esperanças?

ILUMINANDO NOSSA VIDA
- Comentar:
  - As estruturas sociais, políticas e religiosas daquele tempo se tornaram muito opressoras. Diante disso, Jesus apresenta o projeto do Reino de Deus, um projeto de transformação da sociedade, assumido e continuado pelos apóstolos e os cristãos de ontem e de hoje. Esse projeto de Jesus renova e reforça o Projeto de Deus para os homens de todos os tempos.

- Para entender a proposta de Jesus é preciso compreender o contexto daquela época em que ele viveu.
- Os profetas no deserto pregavam a penitência e a conversão. João Batista anunciava a vinda do Salvador na forma de ira e de julgamento (cf. Lc 3,1-9). A conversão era uma exigência para a chegada do Reino. Para Jesus, o Reino se apresenta em oferta de salvação, é um convite para o seguimento.
- Havia os essênios e os zelotas, alguns dos críticos da religião. Os essênios viviam no deserto onde formavam comunidades de vida religiosa e faziam banhos de purificação, leituras bíblicas e orações. Eles pensavam que, por meio da pureza ritual, fariam chegar o Reino de Deus.
- Jesus, por sua vez, tinha outra proposta: é um homem do povo, cercado pelas multidões, permite ser tocado por aqueles que eram considerados impuros, como os publicanos, os leprosos e as prostitutas.
- Os zelotas eram guerrilheiros nacionalistas. Queriam a libertação do povo de Israel do domínio do Império Romano, mas utilizando a guerrilha e armas para tomar o poder. Jesus pregava a libertação do povo, mas sua prática é o mandamento do amor (cf. Jo 15,12) e também não visava tomar o poder.
- Os fariseus e doutores da lei e os sacerdotes do Templo eram os responsáveis pela religião. Acreditavam que o Reino de Deus aconteceria se o povo praticasse a lei revelada por Moisés, do jeito que eles interpretavam e ensinavam. Eram extremamente legalistas, com suas práticas rituais externas, por discursos moralizantes, pesados. Muitas vezes, Jesus entrou em conflito com os fariseus e doutores da lei (cf. Mt 23,13-36). Para Jesus, a lei tinha como finalidade a promoção da vida, do ser humano (cf. Mc 2, 27).
- Os sacerdotes eram ligados ao Templo de Jerusalém. Eram da classe alta e usavam a religião para ficarem ainda mais ricos. Pensavam que o Reino de Deus chegaria com a prática de sacrifícios, onde o povo se purificaria de seus

pecados. O Templo era um lugar de comércio, onde se vendiam animais e havia o câmbio de moedas.

- Jesus, por sua vez, tem um grande respeito com o Templo como lugar de encontro com Deus. Todos os anos, desde criança, ia até o Templo (cf. Lc 2,41-42; Mt 21,23; Mc 12,35). Para Jesus, o que é realmente importante é a misericórdia e não o sacrifício (cf. Mt 9,13; 12,7). Ele percebe que o empobrecimento do povo se dá em virtude das exigências de sacrifícios: para viajar para Jerusalém perdem tempo de trabalho, tem que pagar a segurança durante o percurso, a hospedagem, a compra do animal, o pagamento do serviço do sacerdote, perdiam dinheiro na transação de suas moedas com a única moeda que era permitida entrar no Templo. Os únicos que lucravam, com vantagens econômicas e políticas, eram os sacerdotes.
- Jesus, por ocasião da Páscoa, em Jerusalém viu o uso mercantilista e perverso da religião e expulsou os vendilhões do Templo: ler Mt 20,12-13.
- Para Jesus, o anúncio do Reino de Deus era acompanhado de obras que manifestavam a aproximação de Deus, a sua gratuidade de amor, a solidariedade para com a humanidade oprimida.
- Jesus provoca um rompimento entre o povo e os líderes religiosos. Porém, com medo de perder seu prestígio e posição, sua fonte de renda e seu poder, os donos da religião e os donos da política se unem e, por meio de Pilatos, crucificam Jesus.

• Orientar as atividades no livro do catequizando.

NOSSO COMPROMISSO

• Comentar: Jesus anuncia o Reino de Deus, reino do amor e da bondade, da justiça e da paz. A vontade de Deus é que todos tenham vida em abundância (cf. Jo 10,10), com todas as condições para uma vida digna.

- Propor aos catequizandos para convidar seus amigos da catequese e da escola para fazerem juntos uma campanha para doar brinquedos, roupas e alimentos. Motivá-los a se organizarem para preparar a campanha e acompanhá-los até a hora de entregar os brinquedos. Pode ser para uma instituição de caridade ou uma família carente...

CELEBRANDO NOSSO ENCONTRO

- **Motivar para o momento da oração.**

Catequista: *Jesus tem um imenso respeito pelo Templo, enquanto lugar do encontro com Deus. Peçamos, por meio do canto, que Jesus nos ensine a cada dia mais respeitar e amar o lugar do encontro da comunidade, a casa de Deus e nossa casa.*

- **Canto:**

    1. *Senhor, quem entrará no santuário pra te louvar? (2X)*
    Quem tem as mãos limpas, e o coração puro,
    Quem não é vaidoso, e sabe amar. (2X)

    2. *Senhor, eu quero entrar no santuário pra te louvar. (2X)*
    Oh! dá-me mãos limpas, e um coração puro,
    Arranca a vaidade, ensina-me a amar. (2X)

    3. *Senhor, já posso entrar no santuário pra te louvar. (2X)*
    Teu sangue me lava, teu fogo me queima.
    O Espírito Santo inunda meu ser. (2X)

    (KOLLING, Ir. Míria T. et al. **Cantos e orações**: para a liturgia da missa, celebrações e encontros. Petrópolis: Vozes, 2004).

PARA O PRÓXIMO ENCONTRO

- Pedir aos catequizandos para trazer cola, tesoura e jornais.

12

"EU OUVI O CLAMOR DO MEU POVO E DESCI PARA LIBERTÁ-LO!"

RECURSOS
- Bíblia.
- Papelógrafo, jornais, cola e tesoura.
- Crucifixo.
- Bola.
- Apito.
- Ficha com palavras para relembrar a vida de Jesus.

INTERAGINDO

- Motivar para aprofundar o conhecimento sobre a vida, história e mensagem de Jesus.
- Ressaltar que o povo de Deus, devido à dominação romana e do poder civil e religioso, clamava por um salvador, por um novo Moisés.
- Destacar que muitas pessoas esperavam por um salvador que fosse um rei poderoso!
- Perguntar: quais as dificuldades encontradas por Jesus?
- Após ouvir os catequizandos explorar que Jesus, ao anunciar o Reino, também encontrou algumas dificuldades: Lc 4,1-13; Mc 3,1-6; Jo 6,56-66.

- Conversar com os catequizandos:
    - Diante da realidade da sociedade atual, quais são os sinais contrários ao Reino de Deus?
    - Você encontra dificuldades para viver de acordo com o Reino anunciado por Jesus? Quais?
    - Registrar no livro do catequizando.

ILUMINANDO NOSSA VIDA

- O catequista poderá relembrar a vida de Jesus, escrevendo, em fichas, palavras como: família, nascimento, infância, vida profissional, missão, colaboradores, mandamento, entre outras.
- Pedir que os catequizandos formem um círculo. Será lançada uma bola que um passará para o outro. O catequista calcula um tempo e apita. O catequizando que estiver com a bola na mão pegará uma ficha e terá um tempo para falar sobre o tema solicitado.
- Rever com os catequizandos o contexto dos grupos políticos e religiosos da Palestina no tempo de Jesus:
    - Esses diversos grupos políticos e religiosos reconheciam e denunciavam as situações difíceis ou de opressão e também exigiam, clamavam e esperavam, por meio de atitudes ou pregações calorosas, uma mudança da situação para uma vida melhor.
    - Como era de costume, *'olhar para o passado e tirar conclusões para o presente e futuro'*, os diversos grupos pensavam e esperavam um tipo de libertação: um *'novo rei Davi'*, para os essênios; um *'novo Moisés'* e uma *'nova libertação'*, para os escribas e fariseus; um *'novo rei'*, que viria marchar com o seu povo contra o poder estrangeiro e proclamaria a independência, é o que esperavam os zelotas; já, os pobres do Senhor e os seguidores de João

Batista, esperavam um *'messias libertador'*, *'Emanuel'* o *'Deus conosco'*.

- Só que muitos se esqueceram de olhar a vida e os acontecimentos de cada dia, para descobrir se a esperança estava sendo realizada, ou não! E aconteceu que, no tempo certo, chegou o Libertador e Salvador de todos, e alguns não o reconheceram; outros o rejeitaram; e, ainda, outros o desprezaram e o eliminaram, e há os que estão esperando até hoje.

- Orientar os catequizandos nas suas atividades. Porém, antes da atividade *'detetive por um dia'*, mostrar o crucifixo e perguntar se sabem por que Jesus foi morto.

NOSSO COMPROMISSO

- Neste momento, sugere-se música instrumental ou outra referente ao tema.
- Preencher o livro do catequizando: seguindo os passos de Jesus.
- Agora que conheceram bem Jesus, motive para que cada catequizando pense em como aceita sua proposta e em que pode imitá-lo, procurando ser cristão, autêntico seguidor de Cristo.
- Incentivar o seguimento de Jesus. Desenhar os pés dos catequizandos em jornais e recortá-los.
- Fazer um painel e colocar as pegadas e uma imagem de Cristo. Cada catequizando vai colocar os seus pés, recortados no jornal, em direção a Jesus, simbolizando o compromisso de seguir seus passos.

CELEBRANDO NOSSO ENCONTRO

- Motivar os catequistas para rezar.

Catequista: *Como filhos amados, somos chamados a seguir o exemplo de Jesus, nosso modelo e mestre.*

Todos: *Jesus, queremos seguir-te, aprender a ver teu jeito de agir, de amar e acolher as pessoas.*

- Canto:

1. *Um certo dia, à beira mar, apareceu um certo Galileu. Ninguém podia imaginar, que alguém pudesse amar do jeito que ele amava. Seu jeito simples, de conversar, tocava o coração de quem o escutava.*

   E seu nome era Jesus de Nazaré. Sua fama se espalhou e todos vinham ver, o fenômeno do jovem pregador, que tinha tanto amor.

2. *Naquelas praias, naquele mar, naquele rio, em casa de Zaqueu. Naquela estrada, naquele sol, e o povo a escutar, histórias tão bonitas. Seu jeito amigo, de se expressar, enchia o coração de paz tão infinita.*

3. *Em plena rua, naquele chão, naquele poço, em casa de Simão. Naquela relva, no entardecer, o mundo viu nascer a paz de uma esperança. Seu jeito puro, de perdoar, fazia o coração voltar a ser criança.*

4. *Um certo dia, ao tribunal, alguém levou o jovem Galileu. Ninguém sabia qual foi o mal e o crime que ele fez, quais foram seus pecados. Seu jeito honesto, de denunciar, mexeu na posição de alguns privilegiados.*

(KOLLING, Ir. Míria T. et al. **Cantos e orações**: para a liturgia da missa, celebrações e encontros. Petrópolis: Vozes, 2004).

Todos: "Ninguém tem maior amor que aquele que dá a sua própria vida por seus amigos". (Jo 15,13)

Para o próximo encontro

- Comentar: o cristão pode ser presença de Jesus como uma lâmpada acesa, iluminando ao seu redor. Ou não, sendo uma lâmpada apagada, queimada, jogada em um canto.
- Cada um vai observar, durante a semana, quando é um sinal vivo da presença de Jesus no ambiente em que vive (em casa, na escola, na catequese, no lazer, no trabalho). E, de outro lado, ver se algumas vezes é *'lâmpada apagada'*, que não irradia a luz de Jesus.

13
A IGREJA DE JESUS

RECURSOS
- Cartolina ou papelógrafo, fita adesiva.
- Bíblia.
- Canetas hidrográficas ou pincel atômico.

INTERAGINDO

- Elaborar um painel com a ilustração de uma vela acesa e outra apagada, e o texto de Mt 5,14-15.
- Conversar com os catequizandos: em que momentos sou uma *'lâmpada acesa'* que ilumina as pessoas ao meu redor, e quando sou *'lâmpada apagada'*?
- Ler Mt 5,14-15.
- Perguntar: o que acontece quando um cristão não testemunha a sua fé?
- Confeccionar, com os exemplos que os catequizandos trouxeram, o painel sobre o ser cristão: chama acesa de um lado e, apagada, do outro.
- Refletir sobre os exemplos e relacionar com o tempo em que os apóstolos e discípulos de Jesus escondiam-se com medo de anunciar o Evangelho, devido à perseguição, ao desânimo, à falta de esperança.

ILUMINANDO NOSSA VIDA

- Comentar:
  - No Templo de Jerusalém, os judeus reuniam-se anualmente para celebrar a festa da colheita do trigo, comemorada '*50 dias*' depois da festa da '*Páscoa e dos Pães Ázimos*' e que, por isso, ficou conhecida como a '*Festa de Pentecostes*' (50 dias).
  - Os judeus vinham de todas as regiões do país, em caravanas ou grupos, e também de países distantes. Eram sete dias de comemoração, oferendas e holocaustos. Ofereciam a Deus os primeiros frutos e produtos, as '*primícias*' das colheitas.
  - Foi durante a semana da última festa da Páscoa, da qual Jesus participou, que ele foi preso e morto. Mas, Ressuscitou! E se manifestou várias vezes aos seus, mostrando-se vivo no meio deles. Antes de voltar para junto do Pai, fez-lhes uma promessa: '*O Espírito Santo virá sobre vocês e então receberão a força e a coragem e serão minhas testemunhas até os lugares mais distantes do mundo...*' (cf. At 1,1-8).
  - Mas, os apóstolos não entenderam muito bem aquela promessa e estavam assustados, com medo dos líderes romanos e judeus. Por isso, viviam trancados em casa com Maria, mãe de Jesus, e outras pessoas que o tinham acompanhado.
  - Porém, naquela festa de Pentecostes, após a morte de Jesus, enquanto uma grande multidão comemorava, eles, ainda medrosos, estavam reunidos em Jerusalém, no Cenáculo, rezando com as portas fechadas. E ali aconteceu a promessa de Jesus e eles puderam então compreender, porque uma grande mudança aconteceu dentro deles: agora, tudo ficava claro e compreensível sobre a vida, a mensagem, a morte e a ressurreição de Jesus Cristo.

- Ler a narração de São Lucas 24,49 (distribuir as leituras aos catequizandos):
  - At 2,1-11: *"...todos ficaram repletos do Espírito Santo e começaram a falar..."*
  - At 2,12-14.36: o anúncio.
  - At 2,37-41: os que compreendem o anúncio, aceitam, se convertem e recebem o batismo.
  - At 2,42-47: estava fundada a primeira comunidade cristã. Estava acesa a grande chama na qual muitas lâmpadas, velas e tochas vão acender a sua fé em Jesus Cristo Ressuscitado.
- Orientar os catequizandos nas atividades do livro.

NOSSO COMPROMISSO

- Comentar: houve [e há] muitas testemunhas na caminhada do povo de Deus. Pessoas dóceis à ação do Espírito Santo e que colaboraram [e colaboram] na construção da fraternidade e da justiça, transformando o mundo. Ao redor dessas pessoas nasceram comunidades.
- Pedir para os catequizandos pensarem sobre uma maneira de demonstrar que estão abertos à ação do Espírito Santo, para vivenciarem durante a semana.

CELEBRANDO NOSSO ENCONTRO

- Motivar para a oração.

Catequista: Peçamos ao Espírito Santo que nos guie e ilumine em todos os momentos de nossa vida:

1. *Para que tenhamos a força e a coragem de anunciar o Evangelho.*
   Todos: *Vinde, Espírito Santo!*

2. *Para que a Igreja seja uma união de irmãos em Cristo.*
Todos: *Vinde, Espírito Santo!*

3. *Para que a Igreja realize sua missão de ser uma comunidade para transformar o mundo.*
Todos: *Vinde, Espírito Santo!*

4. *Para que as celebrações em nossas comunidades sejam verdadeiras expressões de fé e amor.*
Todos: *Vinde, Espírito Santo!*

- **Canto:**

    Estaremos aqui reunidos,
    Como estavam em Jerusalém,
    Pois só quando vivemos unidos
    É que o Espírito Santo nos vem.

    1. Ninguém para esse vento passando;
    Ninguém vê e ele sopra onde quer.
    Força igual tem o Espírito quando
    Faz a Igreja de Cristo crescer.

    2. Feita de homens, a Igreja é divina,
    Pois o Espírito Santo a conduz,
    Como um fogo que aquece e ilumina,
    Que é Pureza, que é Vida, que é Luz.

    3. Sua imagem são línguas ardentes,
    Pois o Amor é comunicação.
    E é preciso que todas as gentes
    Saibam quanto felizes serão.

    (KOLLING, Ir. Míria T. et al. **Cantos e orações**: para a liturgia da missa, celebrações e encontros. Petrópolis: Vozes, 2004).

Todos: *Vinde, Espírito Santo, enchei os corações dos vossos fiéis e acendei neles o fogo do vosso amor. Enviai o vosso Espírito, e tudo será criado. E renovareis a face da terra.*

Oremos: Ó *Deus, que iluminais os corações dos vossos fiéis com as luzes do Espírito Santo, concedei-nos que no mesmo Espírito saibamos o que é reto e gozemos sempre de suas divinas consolações.*

Por Cristo, Nosso Senhor. Amém.

Para o próximo encontro

- Solicitar que os catequizandos procurem na Bíblia, no livro dos Atos dos Apóstolos, exemplos de pessoas que o Espírito Santo impulsionou na pregação do Evangelho.

14

A ORDEM DE JESUS: "VÃO A TODOS OS POVOS..."

RECURSOS
- Bíblia.
- Desenho do contorno dos pés (pegadas).
- Tochas ou velas.
- Pedras.
- Espinhos.
- Flores.

INTERAGINDO

- Conversar com os catequizandos: com base na pesquisa que fizeram na Bíblia, no livro dos Atos dos Apóstolos, sobre os exemplos de pessoas que o Espírito Santo impulsionou na pregação dos Evangelhos, vamos dizer:
    - O que significa ser um apóstolo?
    - Como deve ser uma pessoa consciente da atuação do Espírito Santo?
    - Na sua comunidade, quem são os apóstolos de Jesus hoje? Justifique.
- Ler os textos bíblicos: Mc 3,13-19; At 1,21-22; At 13,2-3 e Jo 17,6-11.

- Pedir-lhes que, a partir destas leituras, escrevam o que concluíram sobre o que é ser um apóstolo de Jesus hoje.
- Comentar: ser apóstolo é ser escolhido por Jesus Cristo para dar continuidade à sua missão. Suas características revelam alguém que convive com Jesus Cristo, anuncia seu Evangelho, testemunha sua morte e Ressurreição e vive na unidade dos irmãos em Cristo.

ILUMINANDO NOSSA VIDA

- Preparar o ambiente: uma Bíblia, um caminho com pegadas, tochas ou velas, pedras, espinhos e flores.
- Convidar os catequizandos a observarem o caminho e perguntar-lhes: qual o significado das pegadas, tochas ou velas, pedras, espinhos e flores?
- Deixá-los se expressarem livremente.
- Abrir a Bíblia no livro dos Atos dos Apóstolos e comentar:
  - Enquanto os Evangelhos apresentam o caminho de Jesus, o livro dos Atos dos Apóstolos apresenta o caminho da Igreja, que prolonga o caminho de Jesus para todo o mundo.
  - O livro dos Atos apresenta a grande viagem da Igreja missionária, de Jerusalém até Roma.
  - Lucas, que é o mesmo autor do terceiro Evangelho, foi convertido ao cristianismo pelos apóstolos. O livro dos Atos é a continuação da vida de Jesus, que Lucas escrevera anos antes, e apresenta o caminho da Palavra de Jesus, impulsionada pelo Espírito Santo – Pentecostes – por meio dos apóstolos missionários, especialmente Pedro e Paulo.
  - Lucas escreveu para as comunidades cristãs de seu tempo, que passaram grandes dificuldades: perseguição dos líderes romanos e judeus, divisões internas entre judeus e pagãos; desânimo e cansaço. Lucas queria contar para estas co-

munidades como o Espírito de Pentecostes havia inspirado e sustentado as primeiras comunidades e os missionários. Com esta mesma força do Espírito Santo, as comunidades do ano 80 d.C. poderiam superar as crises e descobrir como continuar a sua caminhada.

- Alguns de seus principais temas: os atos e discursos dos primeiros missionários, especialmente de Pedro e Paulo; a perseguição dos líderes judeus; o conflito entre os cristãos judeus e os cristãos gregos; os diáconos; a perseguição de Saulo (romanos) aos cristãos; o Concílio de Jerusalém (o primeiro da Igreja); a perseguição dos imperadores romanos; a conversão e as viagens missionárias de Paulo.

NOSSO COMPROMISSO

- Comentar:
  - É o Espírito Santo quem conduz a Igreja, inspira e a encoraja. Por isso, chegou até nós o anúncio daquela Palavra... E nós também entramos por este caminho, através do Batismo. É preciso que, a cada dia, confirmemos nossa adesão ao Cristo e amadureçamos no seu seguimento.

- A partir do exemplo dos apóstolos Pedro e Paulo, refletir sobre a missão de cada um no grupo, na comunidade.

CELEBRANDO NOSSO ENCONTRO

- Motivar a participação na oração.

Catequista: *Na Festa de Pentecostes, celebramos o nascimento da Igreja missionária. Os discípulos recebem o Espírito Santo e saem para a sua missão: levar a Boa-nova a todos os povos. Vamos olhar para este caminho (feito com as pegadas, tochas ou velas, pedras, espinhos e flores) e fazer uma oração (espontânea), em voz alta, por todos aqueles que o percorreram na caminhada da Igreja e por nós que, hoje, o percorremos, pedindo a proteção do Espírito Santo.*

- **Canto:**
  Como são belos (Is 52,7).
  Como são belos os pés do mensageiro que anuncia a paz.
  Como são belos os pés do mensageiro que anuncia o Senhor.
  Ele vive, Ele reina, Ele é Deus e Senhor! (bis)

  (KOLLING, Ir. Míria T. et al. **Cantos e orações:** para a liturgia da missa, celebrações e encontros. Petrópolis: Vozes, 2004).

Para o próximo encontro

- Pedir aos catequizandos que procurem informações sobre o Novo Testamento.

15
O NOVO TESTAMENTO: UMA CATEQUESE PARA OS CRISTÃOS

RECURSOS
- Bíblia, estante ou almofada.
- Velas e fósforo.

INTERAGINDO
- Exposição dialogada sobre os autores do Novo Testamento.
- Perguntar aos catequizandos: o que sabem sobre o Novo Testamento? Qual a mensagem que o Novo Testamento traz? Qual a importância do Novo Testamento para a nossa vida, para os dias de hoje?
- Deixar que falem e fazer um fechamento.

ILUMINANDO NOSSA VIDA
- Comentar:
  - "A Palavra de Deus, que é a força de Deus para a salvação de todo crente (cf. Rm 1,16), é apresentada e manifesta seu vigor de modo eminente nos escritos do Novo Testamento. Com efeito, quando veio a plenitude do tempo (cf. Gl 4,4), o Verbo se fez carne e habitou entre nós, cheio de graça e de verdade (cf. Jo 1,14). Cristo instaurou na terra o Reino de Deus, por fatos e por palavras

deu a conhecer seu Pai e a si próprio e completou sua obra pela morte, ressurreição e gloriosa ascensão e pelo envio do Espírito Santo. Levantado da terra atrai todos a si (cf. Jo 12,32), ele, o único que tem palavras de vida eterna (cf. Jo 6,68). Este mistério, porém, não foi manifestado a outras gerações como foi revelado aos seus santos Apóstolos e Profetas no Espírito Santo (cf. Ef 3,4-6) para que pregassem o Evangelho e suscitassem à fé em Jesus Cristo e Senhor e congregassem a Igreja. Os escritos do Novo Testamento são testemunho perene e divino destas coisas." (DV, n. 187)

- "Ninguém desconhece que entre todas as Escrituras, mesmo do Novo Testamento, os Evangelhos gozam de merecida primazia, uma vez que constituem o principal testemunho sobre a vida e a doutrina do Verbo Encarnado, Nosso Salvador." (DV, n. 188)

- "Que os quatro Evangelhos têm origem apostólica, a Igreja sempre e em toda parte o sustentou e sustenta. Pois aquilo que os Apóstolos pregaram por ordem de Cristo, eles próprios e os varões apostólicos sob a inspiração do Espírito Santo no-lo transmitiram em escritos que são o fundamento da fé, a saber, o quadriforme Evangelho segundo Mateus, Marcos, Lucas e João." (DV, n. 189)

- "A Santa Mãe Igreja, com firmeza e máxima constância, sustentou e sustenta que os quatro Evangelhos mencionados, cuja historicidade afirma sem hesitação, transmitem fielmente aquilo que Jesus Filho de Deus, ao viver entre os homens, realmente fez e ensinou para a eterna salvação deles, até o dia em que foi elevado (cf. At 1,1-2). Os apóstolos, após a ascensão do Senhor, transmitiram aos ouvintes aquilo que ele dissera e fizera, com aquela mais plena compreensão de que gozavam, instruídos que foram pelos gloriosos acontecimentos de Cristo e esclarecidos pelo Espírito Santo da verdade. Os autores sagrados escreveram os quatro Evangelhos, escolhendo certas coisas das muitas transmitidas ou oralmente ou já por escrito, fazendo síntese de outras ou explanando-as com vistas à situação das Igrejas, conservando enfim a forma de proclamação, sempre de maneira a referir-nos a respeito de Jesus com verdade e sinceridade. Pois os escreveram, seja com fundamento na própria memória e recordações seja baseados no testemunho daqueles 'que desde o começo foram testemunhas oculares e ministros da palavra', com a intenção de que conheçamos 'a verdade' daquelas palavras com que fomos instruídos (cf. Lc 1, 2-4)." (DV, n. 190)

- "O cânon do Novo Testamento contém, além dos quatro Evangelhos, também as epístolas de São Paulo e outros escritos apostólicos exarados sob inspiração do Espírito Santo, pelas quais, por um sábio desígnio de Deus, é confirmado tudo o que diz respeito ao Cristo Senhor, mais e mais se elucida a sua genuína doutrina, anuncia-se o poder salvífico da obra divina de Cristo, narram-se os inícios e a admirável difusão da Igreja e se pronuncia a sua gloriosa consumação. Pois o Senhor Jesus, conforme prometera, assistiu seus apóstolos (cf. Mt 28,30) e lhes enviou o Espírito Paráclito que deveria conduzi-los à plenitude da *verdade* (cf. Jo 16,13)." (DV, n. 191)

- Orientar a atividade do livro do catequizando.

CELEBRANDO NOSSO ENCONTRO

- Preparar o ambiente para uma celebração da Palavra.
- Acolher a Palavra e colocá-la em uma estante enfeitada, ou almofada sobre uma mesa, entre as velas acesas.
- **Canto:**

  Aleluia, Aleluia, a minh'alma abrirei.
  Aleluia, Aleluia, Cristo é meu Rei.

  (KOLLING, Ir. Míria T. et al. **Cantos e orações**: para a liturgia da missa, celebrações e encontros. Petrópolis: Vozes, 2004).

- Leitura do texto bíblico: Ef 1,3-14.

- **Catequista:** *Vamos rezar juntos a oração do Pai-nosso, a oração do compromisso cristão.*
- Celebrar a Palavra com cantos, leituras, símbolos e muita criatividade.

NOSSO COMPROMISSO

- Organizar, de comum acordo com o pároco e a coordenação, uma grande campanha para que todos os catequizandos tenham uma Bíblia para lerem com seus familiares.

Para o próximo encontro

- Motivar os catequizandos a conversarem com os familiares sobre a figura de Maria, sua história e importância no contexto da História da Salvação.

16

A IGREJA APRENDE COM MARIA A OUVIR, MEDITAR E VIVER A PALAVRA DE DEUS

RECURSOS
- Imagem de Nossa Senhora.
- Bíblia.
- Vela.
- Sugere-se uma celebração festiva com a participação das famílias, catequistas e catequizandos para o final do encontro.
- Confraternização com doces e salgados.

INTERAGINDO
- Preparar com os catequizandos uma dramatização do anúncio do anjo Gabriel à Maria e sua resposta, com o cântico do *'magnificat'*.
- Preparar o ambiente para a dramatização.

ILUMINANDO NOSSA VIDA
- Comentar:
    - Durante este ano, aprendemos muitas coisas sobre a Bíblia, como foi escrita, onde, os autores, o contexto, a mensagem que nos traz. A Bíblia foi mesmo um livro feito em mutirão

e nos mostra como foi a caminhada do povo de Deus, a caminhada de Jesus e o caminho da Igreja.
- Sua finalidade única: revelar que Deus nos ama, caminha conosco. Somos o seu povo e devemos caminhar com ele, na fidelidade. Às vezes erramos, mas Deus nos perdoa em sua infinita misericórdia, se voltamos arrependidos.
- Nós só podemos acolher e amar a Bíblia, usando o *'binóculo'* da fé, que animou o povo de Deus e que nos anima também. Então, é possível amar e ouvir a Palavra Sagrada da Bíblia.
- Para encerrar a catequese da pós-eucaristia - iniciação bíblica - lembrar de Maria, mãe de Jesus, aquela que acolheu e amou a Palavra de Deus, que carregou em seu seio a Palavra viva, aquela herança maior que é a experiência do amor e da fidelidade de nosso Deus por meio de Jesus Cristo.
- Maria, a mãe de Jesus, é chamada *'a Virgem que sabe ouvir e fazer o que o Senhor diz!'* Bíblia e vida! Podemos aprender, com Maria, a sermos fiéis ouvintes e realizadores da Palavra de Deus.
- O que sabemos sobre Maria, para a imitarmos?

• Realizar a atividade do livro do catequizando em grupo: ler e refletir sobre os textos em que o Novo Testamento fala de Maria e depois apresentar as conclusões.
• Conversar: o que você aprendeu com cada atitude de Maria? Como ouvir e responder ao anúncio da Palavra?

NOSSO COMPROMISSO

• Comentar e questionar:
- Nós cristãos recebemos uma herança de fé nos muitos escritos da Bíblia.
- Como podemos acolher e amar esta Palavra de Deus, trazida até nós, na Tradição e na *'memória'* de nossa comunidade, a Igreja?

- Em que nos ajudou: folhear as suas páginas, conhecer a história do povo de Deus e a formação dos livros da Bíblia, conhecer seus autores, sua época e sua mensagem?
- O que vamos fazer, individualmente e enquanto grupo, para continuarmos o aprofundamento da escuta e da vivência da Palavra de Deus?

CELEBRANDO NOSSO ENCONTRO

- Preparar o ambiente para a oração: imagem de Maria, Bíblia aberta e uma vela acesa.

    Catequista: *Maria, na Igreja, continua a ser o que foi em Caná. Movida de compaixão por todos os seus filhos, ela dispõe nosso coração para a fé generosa na Palavra de Cristo. Sua intervenção na festa de Caná manifesta também a sua misericórdia em favor dos que se encontram em necessidade.*

- Ler o texto bíblico: Jo 2,1-12.

    Catequista: *Maria, mãe de Deus, disse: "Fazei tudo o que ele vos disser".*

    Escutemos, em silêncio, o que Jesus nos fala em nosso coração.

- **Cantar ou rezar:**

    Quando faltou vinho naquela festa,
    Maria tu percebeste, em todos, havia aflição.
    Olhaste para teu Filho e pediste a ele
    E Jesus atendeu, a graça aconteceu:
    A água foi transformada em vinho para todos (...)
    Hoje eu canto alegre o mesmo canto seu:
    "O Senhor fez em mim maravilhas (3X), Santo é o Senhor!"
    (**Louvemos o Senhor 98**, n. 847, p. 74)

CONTINUANDO NOSSA REFLEXÃO DURANTE A VIDA

- Repetir, rezando ou cantando, todos os dias:

    "Eu vim para escutar: tua Palavra, tua Palavra, tua palavra de amor!"

ANEXOS

ANEXO A
ELE ESTÁ VIVO!

RECURSOS
- Jornais e revistas com notícias e imagens de situações atuais.
- Papel Kraft.
- Imagens, gravuras da '*Via-Sacra*'.
- Lápis de cor.

INTERAGINDO
- Conversar sobre as situações de vida e de morte, mal e pecado, amor e desamor que os catequizandos observam fazendo-se cada vez mais presentes na sociedade.
- Questionar como essas situações os atingem, enquanto filhos de Deus.
- Convidar para que se organizem em dois grupos e preparem dois painéis, retratando as seguintes situações:
  - "*Vivendo em fraternidade*"
  - "*Destruindo a fraternidade*"
- Distribuir o material e deixá-los construir os painéis.
- Após concluírem, realizar a exposição e refletir se o projeto de Deus em relação aos homens está acontecendo ou não.
- Comentar que o projeto de Deus acontece quando as atitudes concorrem para uma vida melhor, plena e feliz. Não acontece, porém, quando a vida é prejudicada e destruída.

ILUMINANDO NOSSA VIDA

- Comentar:
  - Estamos no tempo de preparação para a festa da Páscoa. Olhando os painéis, nós podemos dizer que caminhamos para a Páscoa, que é a libertação, a ressurreição com Jesus.

- Questionar:
  - Quais os passos que nos levam para a Páscoa?
  - Podemos dizer que nossos passos estão firmes no caminho que leva para a Páscoa, à vida feliz?

- Possibilitar o diálogo, confronto de ideias, e refletir como é possível se afastar do projeto de Deus, e como retornar a esse caminho.

- Motivar a leitura dos capítulos 18, 19, 20 e 21 do Evangelho de João, promovendo uma reflexão e debate sobre os fatos e acontecimentos que envolvem o julgamento, a condenação e a morte e ressurreição de Jesus.

- Apresentar as gravuras da '*Via-Sacra*', para contribuir na reflexão.

NOSSO COMPROMISSO

- Comentar:
  - Pensando na fidelidade de Jesus para com Deus e seu povo, reflita como você pode ser fiel a este projeto, participando da comunidade e realizando ações que podem diminuir o peso da cruz daqueles que sofrem.

CELEBRANDO NOSSO ENCONTRO

- Comentar: o caminho de Jesus para a Páscoa começou com sua prisão, condenação e caminhada para o calvário, para a morte. Esta caminhada é lembrada pelos cristãos, na Quaresma, na oração da 'Via-Sacra', que quer dizer caminho sagrado. Pelo trabalho que realizamos, podemos compreender que a paixão de Jesus continua, ainda hoje, na paixão de nossos irmãos.
- Convidar para completar no livro do catequizando cada estação, rezando e cantando entre uma estação e outra.
- Explicar que irão ilustrar as estações da 'Via-Sacra' e que farão, simultaneamente, a reflexão sobre as atitudes que precisam ser analisadas, para que se realize o caminho da fraternidade. Orientar que cada questionamento é um convite para pensar em nossa posição no projeto de Deus, no seu caminho de amor e fraternidade. É também uma possibilidade de encontro consigo mesmo, com o próximo e com Deus, na busca do amor e da comunhão que devem unir as pessoas.
- Após completarem todas as estações, conversar sobre os sentimentos e percepções vividos, partilhar as expressões artísticas de cada catequizando.
- Motivar para participação na comunidade.

ANEXO B
UMA PADROEIRA PARA O BRASIL: NOSSA SENHORA DA CONCEIÇÃO APARECIDA

RECURSOS

- Imagens de Nossa Senhora Aparecida e de Nossa Senhora de Guadalupe, podem ser gravuras.
- Orações a Nossa Senhora.

INTERAGINDO

- Motivar os catequizandos a pesquisarem a história de Nossa Senhora Aparecida, reunindo outras informações além das propostas no livro, buscando saber como a festa é comemorada em sua comunidade, e em nível nacional, na cidade de Aparecida do Norte, em São Paulo. Pesquisar em jornais, revistas, TV.

ILUMINANDO NOSSA VIDA

- Motivar os catequizandos a realizarem as atividades propostas no livro e comentar a devoção do povo a Nossa Senhora Aparecida.
- Respostas às lacunas (na sequência):
  - O corpo de uma imagem de Nossa Senhora da Conceição, sem a cabeça.
  - A cabeça da imagem quebrada.
  - Peixes. Muitos peixes!

NOSSO COMPROMISSO

- Comentar e questionar:
    - João Alves rezou com devoção!
    - Quando rezamos, onde estão os nossos pensamentos?
    - Quais as razões que nos colocam em oração?
    - Qual o sentido da oração na minha vida de adolescente?

CELEBRANDO NOSSO ENCONTRO

- Fazer uma oração a Nossa Senhora Aparecida, pedindo bênçãos e luzes para ser um cristão fiel a Jesus.

PARA COMPLEMENTAR:

- Para complementar esse encontro, propomos apresentar o resumo da história de Nossa Senhora de Guadalupe, a padroeira da América Latina:

Depois que a cidade do México caiu nas mãos dos conquistadores espanhóis, iniciou-se a obra de catequização dos índios. O primeiro bispo, chamado Frei Juan Zumárraga, veio da Espanha instalar-se no centro da antiga cidade asteca, em um palácio construído com as pedras retiradas da grande pirâmide dos astecas. E começou logo a construir um colégio, para a catequese e doutrina da juventude asteca na nova fé dos invasores europeus.

Acontece que o bispo parece ter esquecido que o Evangelho cristão brota no meio dos pobres em primeiro lugar e é uma Boa Nova dirigida aos pobres. Ora, no México dos anos 1523, os pobres eram os índios, vencidos e reduzidos à servidão diante dos europeus.

Esta é a verdade fundamental que, desde 1523, os índios cristianizados transmitem de geração em geração, uma história singela e profunda, na qual um índio pobre, Juan Diego, ensina ao Senhor Bispo a arte de ser cristão, através de um milagre.

A história começou no dia 9 de dezembro de 1523, quando Juan Diego, que morava na periferia de Guadalupe, um lugar pobre, se dirigiu ao colégio para receber as lições de catecismo.

No caminho lhe apareceu a Virgem e lhe pediu a gentileza de falar com o Senhor Bispo e solicitar uma capela em Guadalupe. O bispo não entendeu o que o índio pediu e disse-lhe que voltasse outra vez.

Depois de dois dias de hesitações e diante da insistência por parte da Virgem, Juan Diego se dirigiu novamente ao Senhor Bispo no dia 12 de dezembro, e lhe mostrou o sinal que a Virgem lhe havia dado como garantia da verdade do pedido: rosas no seu manto.

Quando o índio abriu o manto, na presença do Bispo, para mostrar as rosas, apareceu a imagem da Virgem impressa no manto, a mesma imagem que os fiéis, até hoje, veneram em Guadalupe. A história conta que o Bispo compreendeu, então, que Maria queria ficar no meio dos pobres e mandou construir a desejada capela em honra da Mãe de Deus.

Na história de Guadalupe, os cristãos da América Latina encontram esta grande verdade: o pobre goza do contato direto com a Virgem.

ANEXO C
NATAL: ELE SERÁ CHAMADO "EMANUEL" – DEUS CONOSCO!

Recursos
- Bíblia.
- Enfeites de Natal (símbolos).
- CD com músicas natalinas.

INTERAGINDO

- Conversar sobre o significado dos diferentes enfeites (símbolos) de Natal e convidar os catequizandos a prepararem um ambiente celebrativo, para conversar e refletir sobre o Natal, aproveitando a decoração.
- Colocar músicas natalinas enquanto organizam o ambiente.

ILUMINANDO NOSSA VIDA

- Convidar os catequizandos a observarem o ambiente e refletir:
    - Por que, todos os anos, o Natal movimenta as pessoas?
    - Por que as pessoas se sensibilizam tanto neste período?
- Conversar sobre os sentimentos, de esperança e de encontro religioso, que envolvem o período de Natal.
- Motivar os catequizandos a realizarem as leituras no livro e, depois, completarem as atividades dialogando e conversando sobre a espera do Messias.

NOSSO COMPROMISSO

- Motivá-los a fazerem uma visita a um presépio, para depois escreverem a sua oração, como um compromisso com o menino Jesus Emanuel – Deus Conosco!

CELEBRANDO NOSSO ENCONTRO

- Aproveite o ambiente decorado para motivar seus catequizandos a prepararem juntos uma bonita celebração de Natal, como encerramento do ano de catequese.
- Deixe-os organizar tudo, com o seu apoio e orientação. Se possível, estender o convite aos familiares.

SUGESTÕES DE LEITURA

AGOSTINHO. **Instrução aos catecúmenos:** teoria e prática da catequese. 2. ed. Petrópolis: Vozes, 2005.

ANTUNES, C. **Como transformar informações em conhecimento.** 3. ed. Petrópolis: Vozes, 2002.

BECKHÄUSER, A. **Cantar a Liturgia.** Petrópolis: Vozes, 2004.

BECKHÄUSER, A. **Instrução geral sobre o missal romano..** Petrópolis: Vozes, 2004.

BECKHÄUSER, A. **Livro de orações do cristão católico.** Petrópolis: Vozes, 2004.

BERKENBROCK, V. J. **Brincadeiras e dinâmicas para grupos:** diversões para dentro e fora da sala de aula, encontros de grupos, festas de família, reuniões e muitas outras ocasiões. 3. ed. Petrópolis: Vozes, 2003.

BERKENBROCK, V.J. **Histórias para dinamizar reuniões:** para reuniões de planejamento, avaliação, motivação, entrosamento e outras ocasiões em instituições e organizações. Petrópolis: Vozes, 2005.

BERKENBROCK, V. J. **Jogos e diversões em grupo:** Para encontros, festas de família, reuniões, sala de aula e outras ocasiões. Petrópolis: Vozes, 2002.

BORGES, G.L. **Dinâmicas de grupo:** crescimento e integração. Petrópolis: Vozes, 2003.

BORGES, G.L. **Dinâmicas de grupo:** redescobrindo valores. Petrópolis: Vozes, 2000.

BROTTO, F.O. **Jogos Cooperativos:** se o importante é competir, o fundamental é cooperar! 2. ed. São Paulo: Re-Novada, 1999.

CAMARGO, G.C. **Liturgia da missa explicada.** Petrópolis: Vozes, 2004.

CAMARGO, G.C. **Os Sacramentos:** fonte da vida da igreja. Petrópolis: Vozes, 2001.

CATECHESI TRADENDAE. **A catequese hoje:** exortação apostólica *catechesi tradendae* João Paulo II. 13. ed. São Paulo: Paulinas, 2001.

CATECISMO DA IGREJA CATÓLICA. Petrópolis: Vozes; São Paulo: Loyola, 1993.

CECHINATO, L. **Escola bíblica:** preparando evangelizadores. Petrópolis: Vozes, 2005.

CONGREGAÇÃO PARA O CLERO. **Diretório geral para a catequese.** São Paulo: Paulinas, 1998.

CONLUTAS. **Assassinato da Irmã Dorothy Stang,** 15 de fevereiro de 2005. Disponível em: <http://www.andes.org.br/imprensa/ultimas/contatoview.asp?key=3265> Acesso em: 28 nov. 2005.

CONFERÊNCIA NACIONAL DOS BISPOS DO BRASIL. **Projeto nacional de evangelização (2004-2007):** queremos ver Jesus – caminho, verdade e vida. Documentos da CNBB 72. 3. ed. São Paulo: Paulinas, 2004.

CONFERÊNCIA NACIONAL DOS BISPOS DO BRASIL. **Catequese para um mundo em mudança.** Documentos da CNBB 73. São Paulo: Paulus, 1994.

CONFERÊNCIA NACIONAL DOS BISPOS DO BRASIL. **Crescer na leitura da Bíblia.** Documentos da CNBB 86. São Paulo: Paulus, 2003.

CRUZ, E.S. **Teatro de bonecos na catequese.** Petrópolis: Vozes, 2000.

FELLER, V.G. **Jesus de Nazaré:** homem que é Deus. Petrópolis: Vozes, 2004.

FONSATTI, J.C. **Os livros históricos da Bíblia.** Petrópolis: Vozes, 2004.

FONSATTI, J.C. **Introdução aos Evangelhos.** Petrópolis: Vozes, 2004.

FONSATTI, J.C. **Introdução à Bíblia.** Petrópolis: Vozes, 2001.

GASPARIN, C.G. et al. **Semeadores da Palavra:** formação de catequistas iniciantes. Petrópolis: Vozes, 2005.

GRUN, A. **A Oração como encontro.** Petrópolis: Vozes, 2001.

KELLER, E.D. **A Igreja:** das origens ao Vaticano II. Petrópolis: Vozes, 2002.

KLIPPEL, A.; BERKENBROCK, V.J. **Teatro em comunidade:** Encenações e dinâmicas para grupos de catequese, adolescentes e jovens. Petrópolis: Vozes, 2005.

KOLLING, M.T. et al. **Cantos e orações:** para a liturgia da missa, celebrações e encontros. Petrópolis: Vozes, 2004.

LIMA, M.M. **Dinamizando a catequese com os adolescentes.** Petrópolis: Vozes, 2005.

MACHADO, L.M.P.; LISE M.I.A. **Recursos didáticos para a catequese.** Petrópolis: Vozes, 2005.

MAYER, C. **Na dinâmica da vida:** Dinâmicas criativas para diferentes momentos da vida. Petrópolis: Vozes, 2004.

MAYER, C. **No sotaque do andar**: roteiros e dinâmicas para encontros. Petrópolis: Vozes, 2005.

MORÁS, F. **As correntes contemporâneas de catequese.** Petrópolis: Vozes, 2004.

MOSER, A. **Catequese e liturgia.** Petrópolis: Vozes, 2004.

MOSER, A.; BIERNASKI, A. **Ser catequista**: vocação – encontro – missão. Petrópolis: Vozes, 2000.

MOSER, A. **Catequese e liturgia.** Petrópolis: Vozes, 2004.

MÜLLER, W. **Deixar-se tocar pelo sagrado.** Petrópolis: Vozes, 2004.

PONTIFÍCIA COMISSÃO BÍBLICA. **A interpretação da Bíblia na igreja.** São Paulo: Paulinas, 1994.

SAID, S. **Segredos de comunicação na catequese.** 2. ed. Petrópolis: Vozes, 2000.

SCHLAEPFER, C.F.; OROFINO, F.R.; MAZZAROLO, I. **A Bíblia:** Introdução historiográfica e literária. Petrópolis: Vozes, 2004.

SOUZA, G.W. et al. **Parábolas do Reino:** para uma evangelização criativa. Petrópolis: Vozes, 1999.

OLENIKI, M.R.L.; MACHADO, L.M.P. **O encontro de catequese.** 2. ed. Petrópolis: Vozes, 2000.

CULTURAL
Administração
Antropologia
Biografias
Comunicação
Dinâmicas e Jogos
Ecologia e Meio Ambiente
Educação e Pedagogia
Filosofia
História
Letras e Literatura
Obras de referência
Política
Psicologia
Saúde e Nutrição
Serviço Social e Trabalho
Sociologia

CATEQUÉTICO PASTORAL
Catequese
Geral
Crisma
Primeira Eucaristia
Pastoral
Geral
Sacramental
Familiar
Social
Ensino Religioso Escolar

TEOLÓGICO ESPIRITUAL
Biografias
Devocionários
Espiritualidade e Mística
Espiritualidade Mariana
Franciscanismo
Autoconhecimento
Liturgia
Obras de referência
Sagrada Escritura e Livros Apócrifos
Teologia
Bíblica
Histórica
Prática
Sistemática

REVISTAS
Concilium
Estudos Bíblicos
Grande Sinal
REB (Revista Eclesiástica Brasileira)
SEDOC (Serviço de Documentação)

VOZES NOBILIS
Uma linha editorial especial, com importantes autores, alto valor agregado e qualidade superior.

PRODUTOS SAZONAIS
Folhinha do Sagrado Coração de Jesus
Calendário de Mesa do Sagrado Coração de Jesus
Folhinha do Sagrado Coração de Jesus (Livro de Bolso)
Agenda do Sagrado Coração de Jesus
Almanaque Santo Antônio
Agendinha
Diário Vozes
Meditações para o dia a dia
Guia do Dizimista
Guia Litúrgico

VOZES DE BOLSO
Obras clássicas de Ciências Humana em formato de bolso.

CADASTRE-SE
www.vozes.com.br

EDITORA VOZES LTDA.
Rua Frei Luís, 100 – Centro – Cep 25689-900 – Petrópolis, RJ – Tel.: (24) 2233-9000 – Fax: (24) 2231-4676 – E-mail: vendas@vozes.com

UNIDADES NO BRASIL: Aparecida, SP – Belo Horizonte, MG – Boa Vista, RR – Brasília, DF – Campinas, SP
Campos dos Goytacazes, RJ – Cuiabá, MT – Curitiba, PR – Florianópolis, SC – Fortaleza, CE – Goiânia, GO – Juiz de Fora, MG
Londrina, PR – Manaus, AM – Natal, RN – Petrópolis, RJ – Porto Alegre, RS – Recife, PE – Rio de Janeiro, RJ
Salvador, BA – São Luís, MA – São Paulo, SP
UNIDADE NO EXTERIOR: Lisboa – Portugal